Peter Braun
Corona Schröter

Peter Braun

Corona Schröter

Goethes heimliche Liebe

Biographie

Artemis & Winkler

Die Deutsche Bibliothek verzeichnet diese Publikation
in der Deutschen Nationalbibliographie; detaillierte bibliographische Daten
sind im Internet unter http://dnb.ddb.de abrufbar.

Druck und Bindung: Clausen & Bosse, Leck
ISBN 3-538-07191-8
www.patmos.de

»Schwer ist die Kunst, vergänglich ist ihr Preis,
Dem Mimen flicht die Nachwelt keine Kränze,
Drum muß er geizen mit der Gegenwart,
Den Augenblick, der sein ist, ganz erfüllen,
Muß seiner Mitwelt mächtig sich versichern,
Und im Gefühl der Würdigsten und Besten
Ein lebend Denkmal sich erbaun – So nimmt er
Sich seines Namens Ewigkeit voraus,
Denn wer den Besten seiner Zeit genug
Getan, der hat gelebt für alle Zeiten.«

Friedrich Schiller

Inhalt

Vorwort

Goethe und die Frauen. Cornelia Goethe, Käthchen Schönkopf, Friederike Brion, Charlotte Buff, Lili Schönemann, Christiane Vulpius, Wilhelmine Herzlieb, Bettine von Brentano, Marianne von Willemer oder Ulrike von Levetzow: Goethes Lieben, Liebeleien, Liebschaften wurden oft beschrieben, besonders die zu Charlotte von Stein. Eine aber fehlt nahezu immer: Corona Schröter. In allen Lebensbeschreibungen Johann Wolfgang Goethes taucht sie stets nur am Rande auf. Ein Satz oder zwei, selten ein Abschnitt. Allenfalls als erste Darstellerin seiner Iphigenie war Corona Schröter von Interesse. Corona Schröter, eine Randbemerkung. Die letzte umfassendere Lebensbeschreibung Corona Schröters wurde vor über hundert Jahren geschrieben. Ihr Leben aber ist weitaus mehr als nur Goethe. Sie war eine der berühmtesten Sängerinnen ihrer Zeit, sie war eine begabte Schauspielerin, sie zeichnete, stellte ihre Bilder erfolgreich aus, unterrichtete Musik, und sie veröffentlichte ihre Kompositionen. Goethe war wichtig für Corona Schröter, doch sie führte ein Leben nach Goethe, genauso wie eines vor ihm.

Wie aber standen sie zueinander? Bewunderte er sie nur als bedeutende Sängerin? Schätzte er sie bloß als Schauspielerin am Weimarer Hof? War er ihr Freund? Eine Liebschaft? Ihr Geliebter? Fest steht: neben Charlotte von Stein war in Goethes Weimarer Jahren bis 1786 keine ihm so nahegekommen wie sie. Zu nahe für

Charlotte von Stein. Goethes Abenteuer – seine »Misels« – hatten sie nicht ernsthaft gekümmert. Bei ihnen war sie sich seiner sicher. Bei Corona Schröter aber war Charlotte von Stein von Anfang an verstimmt bis hin zu offenem Streit.

Goethes Selbstzeugnisse, seine Briefe, Tagebücher, Gespräche, die Erinnerungen Goethes, die Erinnerungen und Briefwechsel seiner Freunde und Bekannten gaukeln ein vollends zu erfassendes Leben vor. Jedes noch so kleine Ereignis daraus wurde vor und nach Goethes Tod am 22. März 1832 besprochen, jeder Schnipsel seiner Aufzeichnungen wurde gesucht, beleuchtet, um und um gewendet. Doch gänzlich zu belegen ist Goethes Leben nicht, denn er selbst hat immer wieder entscheidende Briefe verbrannt. Und nicht nur er. Die bitter enttäuschte Charlotte von Stein forderte ihre Schreiben an ihn zurück und vernichtete sie. Die Briefe, die sie ihm nach Italien sandte, hat Goethe auf ihren ausdrücklichen Wunsch hin zerstört. Gut 1800 Briefe, Zettel, Billets hat Goethe in den ersten Jahren in Weimar bis zu seiner Italienischen Reise an Charlotte von Stein geschickt, nach ihrem Bruch mit Goethe schrieben sich beide fünf Jahre nicht mehr, und erst aus den Jahren 1794 bis 1826 sind Briefe Charlotte von Steins an Johann Wolfgang Goethe überliefert, die ihre Gefühle für ihn zeigen. Viele Fragen zu beider Liebe blieben offen. Die am häufigsten gestellten und meistumstrittenen lauten: Wie weit gingen Goethe und die Stein? Haben sie die Ehe Charlotte von Steins gebrochen? Wir wissen das nicht. Ebenso unklar bleibt letztlich, ob Corona Schröter in den Jahren des leidenschaftlichsten Werbens Goethes um Frau von Stein von 1776 bis 1781 tatsächlich Goethes Geliebte wurde. Goethe schwieg, seine Briefe an Corona Schröter sind bis auf einen vernichtet, die Briefe Charlotte von Steins, die ihre Ansichten zu Corona Schröter zeigen könnten, sind nicht erhalten. Sprach sie überhaupt von ihr, dann schlecht, selbst noch Jahre nach ihrem Zerwürfnis mit Goethe. Corona Schröter verliert über Goethe nicht ein einziges Wort. Keiner ihrer Briefe an ihn ist überliefert. Wollte sie wie Frau von Stein nicht, daß sie in falsche Hände geraten? War sie wie Charlotte von Stein so enttäuscht von ihm, daß sie ihre Briefe an ihn gleichfalls zurückforderte und seine vernichtete? War sie Goethes heimliche Liebe? Corona Schröters Leben ist nur bruchstückhaft überliefert, doch wir können uns einer Antwort annähern.

Unbekannt: Corona Schröter, um 1780

»Ihr Freunde, Platz! Weicht einen kleinen Schritt!
Seht, wer da kommt und festlich näher tritt!«

Frühe Jahre

Guben und Warschau, 1751 bis 1764

Corona Elisabeth Wilhelmine Schröter starb am 23. August 1802 in Ilmenau. Viel hinterlassen hat sie nicht. »Im Namen Gottes des Vaters, Gottes des Sohnes, Gottes des Heiligen Geistes, Amen!«: Fast ihr ganzes Erbe ging an Rahel Wilhelmine Henriette Probst, die mehr Freundin als Bedienstete war. Sie listete Corona Schröters Nachlaß bis ins kleinste auf, aus dem nur wenig geblieben ist. Ein Gipsabguß der Hand Corona Schröters hat sich erhalten, Porträts, Selbstbildnisse in Öl, mit Pastellkreide oder mit Silberstift ausgeführt, einige ihrer Kreidezeichnungen und Zeichnungen mit dem Pinsel, einige ihrer Kompositionen, ein Gedicht Goethes, in dem er Corona Schröter nennt, einige ihrer Briefe, einer Goethes an sie, keiner der ihren an ihn – mehr nicht. »Schade, sehr schade ist es«, schrieb Gräfin Henriette von Egloffstein in ihren Erinnerungen, »daß Corona Schröter weder Memoiren noch eine aufrichtige Selbstbiographie hinterließ, da sie unstreitig zu den wunderbarsten Naturen gerechnet werden kann.« Was Henriette von Egloffstein nicht wußte war, daß Corona Schröter eine Beschreibung ihres Lebens verfaßt und diese Goethe übergeben hatte, doch auch sie ist verloren, wurde vielleicht von Goethe beseitigt. Sängerin, Schauspielerin, Freundin Goethes, die erste Darstellerin seiner Iphigenie: Corona Schröters Leben ist nur lückenhaft belegt. Über viele Jahre fehlen Hinweise auf dessen Ereignisse ganz und gar, selbst über ihre Jahre mit Goethe ist nur wenig bekannt. Die Beschreibung ihres Lebens ist eine Suche nach Spuren, und sie beginnt mit dem Taufregister der evangelischen Haupt- und Stadtkirche von Guben.

»1751 Januarius 19 H. Joh. Friedrich Schröter, Hautboiste, eine Coronam Elisabeth Wilhelminam, geb. d. hj. Pathen H. Samuel Friedr. Lausigk, Stadt-Secret., Jungfr. Henriette Elisabeth Schmidtin, Fr. Augusta Amalia Fiedler, H. Joh. Gottfried Fiedler Auditeurs Ehefrau.« Den Geburtstag Corona Schröters verzeichnet das Taufregister nicht. Ein Tagebucheintrag Johann Wolfgang Goethes gibt den 14. Januar 1782 an: »Zu Cr essen, deren Geburtstag war.«

Guben hatte gut viertausend Einwohner. Nach dem Österreichischen Erbfolgekrieg Maria Theresias von Österreich und Friedrichs II. von Preußen mit ihren Feldzügen in Schlesien herrschte Frieden im Land. Corona Schröters Mutter, Maria Regina, geborene Hefter, war die einzige Tochter eines Lohgerbers und Schuhmachers. Drei Jahre zuvor, am 29. März 1748, hatte sie, bereits schwanger, Johann Friedrich Schröter geheiratet. Ihr erstes Kind aber, die am 24. September 1748 geborene Regina Henrietta, starb früh. Ob Corona Schröters Bruder Johann Samuel Schröter in den Jahren zwischen 1753 und 1756 in Guben oder in Warschau zur Welt kam, ist nicht geklärt. Am 10. April 1755 wurde ihre Schwester Maria Henriette in Guben getauft. Mehr ist aus Corona Schröters ersten Jahren nicht zu finden.

1756, Corona Schröter war fünf Jahre alt, zog die Familie nach Warschau. 1762, vermutlich am 22. März, kam dort ihr jüngster Bruder zur Welt, Johann Heinrich, nach dessen Geburt die Mutter starb. Corona Schröters Vater, in Guben »Königlich Polnischer und Kurfürstlich Sächsischer, bei dem löblichen Graf Brühlschen Regiment bestallter Hautboist«, Sohn eines Zinngießers, erzog die Kinder von da an allein. Johann Friedrich Schröter war Anfang

September 1723, vermutlich in Bitterfeld, geboren worden, er selbst gab Eilenburg bei Leipzig an. Er war Musiker. »Hautboisten sind bei den Regimentern angestellte Musikanten, welche bei dem Aufziehen der Wachen und andern Gelegenheiten, den Vorgang feierlicher zu machen, den Soldaten aufzumuntern und seine Lebensgeister in Bewegung zu setzen, auf Instrumenten spielen und außer diesem Dienste den Offizieren, wenn sie Lustbarkeiten anstellen, mit Musik aufwarten. Vor Zeiten bliesen sie in ihrem Dienste auf Schalmeien, nunmehr blasen sie, wo man sie noch hat, auf dem feinern Instrumente, das ihnen den Namen gibt, der Hautbois, welches durch Fagotts, Waldhörner, u.s.w., auch wohl dem Polnischen Bock akkompagniert wird. Sie gehören zum Stabe, gehen im Marsche vor den Truppen her und stehen bei der Parade hinter den Fahnen.« Hautboist wurde als allgemeine Bezeichnung für Militärmusiker verwendet, die Oboe war eher selten gemeint.

Warum Johann Friedrich Schröter nach Warschau ging, ist unbekannt, doch am 29. August 1756 hatte der Siebenjährige Krieg mit der Besetzung Sachsens begonnen, die sächsischen Regimenter wurden aufgelöst, der sächsische Kurfürst Friedrich August, seit 1734 auch König von Polen, floh nach Warschau und mit ihm Graf Heinrich von Brühl, in dessen Regiment Johann Friedrich Schröter gespielt hatte. Brühl wird ihn in die fürstliche sächsisch-polnische Hofkapelle übernommen haben.

Aus Corona Schröters Warschauer Jahren wissen wir gleichfalls wenig. »Eine gewisse, fast nur den vornehmen Polinnen eigene ernste Grazie des Anstands mochte sie sich wohl dort zu eigen machen. Allerdings kam ihr ein hoher und junonischer Wuchs gar sehr dabei zustatten«, so Johann Daniel Falk in seiner *Erinnerung an Corona Schröter* von 1807. In Warschau, so Falk, lernte Corona Schröter Polnisch, Englisch, Französisch, Italienisch, sie war begabt für das Zeichnen. »Dem Zeichnen, sowie der Malerei, blieb sie am längsten und fast bis zu ihrem letzten Lebenstage getreu.« Sie sang ausnehmend gut. In späteren Jahren spielte sie Flöte, Laute, Klavier, Guitarre und Zither, mit der sie sich beim Singen begleitete. Das Leben der Schröters in Warschau wurde nur von einem bestimmt: der Musik. Der Vater, von dem noch sechs Duette für Violine und Violoncello bekannt sind, komponierte, ging auf Konzertreisen und richtete selbst Konzerte aus. Er lehrte Johann Heinrich, Johann Samuel, Maria Henriette und Corona Schröter die Musik, denn Wunderkinder waren gefragt. Sie bedeuteten ein Auskommen. Die Schröters waren wie die Mozarts eine Musikerfamilie.

1762 spielte Wolfgang Amadeus Chrysostomus Theophilus Mozart mit sechs Jahren in München und Wien, ein Jahr später, am 25. August 1763, hörte ihn Johann Wolfgang Goethe in einem Konzert in Frankfurt, das der siebenjährige Mozart mit seiner Schwester Nannerl gab. Ebenfalls mit sieben Jahren, Anfang 1770, trat Johann Heinrich Schröter erstmals auf. Er spielte Violine. Jahre zuvor, am Donnerstag, den 14. Juni 1764, sang Corona Schröter mit dreizehn als Sopransolistin im Leipziger Gasthaus »Zu den drei Schwanen« am Brühl im Großen Konzert von Leipzig. Im Jahr darauf, am 14. März 1765, trat sie mit ihrem Bruder Johann Samuel Schröter dort auf. Er sang als Solist, nach seinem Stimmbruch spielte er das Klavier im Großen Konzert, für das er, Corona Schröter und ihr Vater Johann Friedrich Schröter zeitweise fest angestellt wurden. Am 15. Februar 1770 spielte Johann Heinrich Schröter die Solovioline im Großen Konzert. Johann Adam Hiller, *Wöchentliche Nachrichten und Anmerkungen die Musik betreffend:* »Dieses Kind ist der jüngste Sohn des bei hiesigem Konzerte engagierten Herrn, Schröters, dem es sehr zum Lobe gereicht, daß er bei der Erziehung seiner Kinder so sorgfältig auf die Entwicklung ihrer Talente siehet, und der die Mühe gewiß nicht bedauern darf.« Die Mühe zahlte sich aus. Johann Heinrich, Johann Samuel und Corona Schröter wurden bewundert. Johann Joachim Eschenburg, einer der ersten deutschen Übersetzer Shakespeares, schrieb *An die kleine musikalische Familie des Herrn Schröter.* Das Gedicht erschien 1771 im *Almanach der deutschen Musen auf das Jahr 1772:*

Sind aus den klangerfüllten Sphären
Drei Engel auf die Welt gesandt,
Um neuen Wohllaut uns zu lehren,
Mit zauberischer Kehl' und Hand?

Wer war's, der ihren jungen Seelen
Den Reichtum aller Harmonie,
Und Gaben, die oft Männern fehlen,
Und schmelzendes Gefühl verlieh?

Wem lernten dieses Mädchens Ohren
Die Mächte des Gesanges ab,
Der von der Lust, die wir verloren,
Uns die Erinnrung wieder gab?

Als noch nicht unsern trunknen Blicken
Der Pomp der Oper sich verschloß,
Und mild in unser Herz Entzücken
Der feierlichsten Töne floß:

So ward uns jetzt, als Deine Töne
Vor unserm Ohr vorüber flohn,
Beflügelt zwar, o sanfte Schöne,
Und doch voll Ausdruck jeder Ton!

Gleich den bald schmeichelnden, bald scharfen
Akkorden, die Dein Bruder schlägt;
So zaubernd tönen Äolsharfen,
Wenn sie der Hauch des Zephyrs regt.

Und o! des anmutvollen Knaben,
Dem Tonkunst und Natur so früh
Die göttlichsten von ihren Gaben,
Und zaubernde Musik verlieh!

Kaum sichtbar denen, die ihm schweigen,
Und schweigend staunen, wenn er spielt,
Und kühn der kleinsten aller Geigen
Mit schöpferischem Strich befiehlt.

Euch lächelten der Fürsten Blicke,
Auch unsrer Fürsten, Beifall zu;
Ihr, wert des Beifalls! fernerm Glücke
Führ' Euch ein günstig Schicksal zu!

Geht an des treusten Vaters Händen
Der Künste Laufbahn; zeigt uns dann,
Wie viel, sie glücklich zu vollenden,
Talent, Geschmack und Eifer kann.

Was ihr Talent, Geschmack und Eifer vermochten, zeigten die Schröterkinder Johann Heinrich, der wie der Vater komponierte und Konzerte spielte, die im Gedicht nicht erwähnte Maria Henriette, die Hofsängerin in Darmstadt wurde, und besonders Johann Samuel Schröter, den Konzertreisen nach Holland und England führten. Am 2. Mai 1772 trat er im Londoner »Thatched House« auf. Er schrieb ein Konzert in F-dur für Pianoforte, zwei Violinen und Bass und in gleicher Besetzung Konzerte in D-dur, C-dur und Es-dur. Quintette für Cembalo oder Pianoforte, Flöte, Violine, Viola und Violoncello entstanden, Sonaten für Pianoforte, Violine und Bass, Sonaten für Cembalo kamen dazu, Gesänge mit Violine oder Flöte. Wolfgang Amadeus Mozart schätzte seine Kompositionen und schrieb vier Kadenzen zu vier Konzerten Johann Samuel Schröters. Im Haus seines Vaters, Leopold Mozart, wurde Schröter gespielt. In London übernahm Johann Samuel Schröter zunächst eine Organistenstelle an der deutschen Kapelle und wurde einer der beliebtesten Klavierlehrer und der führende Pianist Englands. Am 7. Januar 1782 folgte er Johann Christian Bach im Amt des Musiklehrers der Königin Charlotte. Heimlich heiratete er eine seiner Schülerinnen, Rebecca, deren Familie, so das Gerücht, ihm jährlich das Vermögen von 500 Pfund zahlte, damit er seinen Beruf aufgebe, der ihnen nicht standesgemäß erschien. Nach seiner Heirat jedenfalls spielte Johann Samuel Schröter nur noch für Adelige, darunter den Prinzen von Wales. Johann Samuel Schröter starb wenig älter als dreißig Jahre am 1. November 1788 in seinem Haus in Pimlico bei London. Drei Jahre später lernte Joseph Haydn Rebecca Schröter in London kennen. Sie war dreißig, er sechzig. Ihre Liebesbriefe an ihn sind überliefert, und wäre er ledig gewesen, so Haydn, er hätte sie geheiratet. Joseph Haydn widmete ihr seine Trios op. 82.

Der musikalische Erfolg jedoch hatte seinen Preis, jedenfalls für Corona Schröter. Spätestens seit Warschau hatte ihr Vater sie im Gesang unterrichtet, und dabei schonungslos übertrieben. Das andauernd ehrgeizig strenge Üben, das er ihr auferlegte, verdarb ihre Stimme in den hohen Lagen, die sie zeitlebens nur mühsam beherrschte. »Sie sang«, so Johann Friedrich Reichardt in seinen Erinnerungen *Der lustige Passagier*, »wenngleich mit bedeckter Stimme – denn diese war durch unvernünftige Anstrengung beim Unterricht, um den höchstmöglichen Umfang zu erzwingen, früh geschwächt worden – mit ganzer Seele und großem Ausdruck.« Anfangs konnte sie die Schwäche noch leicht verdecken, mit den Jahren gelang ihr das nicht mehr. Eines aber lenkte während ihrer gesamten musikalischen Laufbahn von dem Fehler ab – Corona Schröter, hochgewachsen, graublaue Augen, galt als schön.

Johann Wolfgang Goethe: Corona Schröter schlafend, 1777

»Sie tritt herbei. Seht sie gefällig stehn!
Nur absichtslos, doch wie mit Absicht schön.«

Aufstieg und Ruhm

Leipzig, 1764 bis 1776

Am 17. Februar 1763 endete der Siebenjährige Krieg des preußischen Königs Friedrichs II. um das reiche Schlesien im Frieden von Hubertusburg. Kurfürst Friedrich August kehrte nach Sachsen zurück und starb noch im selben Jahr, am 5. Oktober 1763, in Dresden. Sein Sohn Christian Friedrich, der ihm nachfolgte, stürzte den Grafen Brühl, der Tage darauf, am 28. Oktober 1763, verstarb. Die Hofkapelle wurde aufgelöst. Ob Corona Schröters Vater mit dem Hof erst nach Dresden kam, ehe die Familie Schröter im Winter 1763 auf 1764 nach Leipzig zog, ist nicht bekannt. Unklar ist auch, ob sich Johann Friedrich Schröter eine Anstellung in Leipzig versprach, ob er meinte, als Musiker dort besser zu verdienen, oder ob er glaubte, seine Kinder in Leipzig besser vorführen zu können, oder sich eine bessere Ausbildung für sie versprach, damit sie später von der Musik leben konnten. Als gesichert gilt dagegen: Johann Friedrich Schröter kannte in Leipzig Johann Adam Hiller durch die im Taufregister Corona Schröters genannte Henriette Elisabeth Schmidtin, Hillers Frau, und sicher ist auch, daß Johann Adam Hiller der Familie Schröter die Auftritte im Großen Konzert der Kaufleute vermittelte und sich Corona Schröters annahm. Er unterrichtete sie im Gesang und vermutlich ebenso im Klavierspiel. Hiller war der führende Musiker Leipzigs.

Am 25. Dezember 1728 in Wendisch-Ossig bei Görlitz als Sohn eines Schulmeisters und damit arm geboren, fiel Hiller früh durch seine musikalische Begabung auf. Er lernte Klavier, Violine und Flöte. Er sang gut. Um sich durchzubringen, nahm er eine Schreiberstelle an. 1746 wurde er in die Kreuzschule Dresdens aufgenommen, deren Chor berühmt war. Geprägt von Gottfried August Homilius ging Johann Adam Hiller im Geburtsjahr Corona Schröters 1751 nach Leipzig. Er studierte die Rechte, Sprachen, Philosophie und hörte die Schriftsteller und bekanntesten Literaturtheoretiker ihrer Zeit, Christian Fürchtegott Gellert und Johann Christoph Gottsched. 1754 Hofmeister für einen Neffen des Grafen Brühl, in dessen Haus er ebenfalls Johann Friedrich Schröter kennengelernt haben könnte, kehrte er 1758 nach Leipzig zurück. Er hatte zu komponieren begonnen. Mit den Jahren wurde er durch seine Singspiele berühmt. *Der Teufel ist los*, *Lottchen am Hofe*, *Die Liebe auf dem Lande*, *Die Jagd* oder *Der Dorfbarbier* gelten als Vorläufer der eigenständigen deutschen Oper, die neben die damals bevorzugte italienische Oper trat. Er schrieb Kantaten und Kirchenmusiken und gab mit den *Wöchentlichen Nachrichten und Anmerkungen die Musik betreffend* die erste regelmäßig erscheinende deutsche Musikzeitung heraus. Er verfaßte mehrere Gesangschulen, gab Musikunterricht und gründete die Musikübende Gesellschaft, deren Mitglieder Musikschüler, Liebhaber und Berufsmusiker waren, die gut dreißig Konzerte im Jahr gaben. 1789, im Jahr der Französischen Revolution, wurde Hiller Thomaskantor. Leipzig war nicht nur die Stadt der Messe, der Bücher, des Theaters, das Klein-Paris, das seine Leute bildete – Leipzig war durch Hiller die Stadt der Musik, deren musikalisches Leben im kriegszerrütteten Sachsen zunehmend von Bürgerlichen getragen wurde.

Entscheidend für Corona Schröter war, daß Johann Adam Hiller bis 1771 das Große Konzert der Kaufleute leitete. Zehn Jahre später übernahm Hiller die Leitung des Konzerts noch einmal, das von 1781 an nach seinem neuen Spielort als Gewandhauskonzert bezeichnet wurde. Das Große Konzert war am 11. März 1743 gegründet worden und seither erfolgreich. Bereits vier Wochen nach dessen Gründung wurde der Saal in der Grimmaischen Gasse zu klein. Während des Siebenjährigen Krieges war das Konzert eingestellt, 1763 aber wieder aufgenommen und der Saal im Gasthaus »Zu den drei Schwanen« gemietet worden. Johann Friedrich Reichardt beschrieb den Saal in seinen *Briefen eines aufmerksamen Reisenden die Musik betreffend:* »Übrigens ist dieses Konzert wie alle anderen öffentlichen Konzerte beschaffen, außer daß der Eingang etwas Mystisches hat, indem man durch eine gemeine Herberge einen Gang heraufgeführt wird, nach dem man sich eher ein heimliches Halsgericht vermuten sollte als einen hellen Saal – So wird das Konzertzimmer genannt, welches die Größe einer mittelmäßigen Wohnstube hat, die auf der einen Seite mit einem hölzernen Gerüste für die Spielenden und auf der andern mit einer hohen hölzernen Galerie für Zuschauer und Zuhörer in Stiefeln und ungepuderten Köpfen verbaut ist. Man urteile jetzt selbst, was die Musik da für Wirkung tun kann – voll galanter Gesellschaft, die vielleicht ein wenig mehr gepudert ist, ein wenig steifer sitzt und ein wenig unverschämter über die Musik räsoniert, als in andern großen Konzerten geschieht; übrigens aber die schöne Gabe des Plauderns und Geräusches mit allen übrigen Konzertgesellschaften gemein hat. Zwar steht dafür ein Kaufmann, der die Besorgung des Konzerts auf sich hat, zur Wache und klopft, wenn jemand gar zu laut spricht, mit einem großen Ladenschlüssel ans Clavecin, welches er zugleich verstimmt, indem er jenen das Stillschweigen anbefiehlt, die es dennoch nicht halten. Dieses heldenmütige Betragen schränkt er aber nur auf die Mannsleute ein, für die Frauenzimmer hat er die in Paris erlernte Höflichkeit, sich zu ihnen zu gesellen, und den Discours zu vermehren. Das ist das große Konzert, bei dem unser Hiller Direktor ist.«

Die Konzerte fanden im Winter jeden Donnerstag in den »Drei Schwanen« statt, im Sommer alle zwei Wochen, dann zumeist im Leipziger Komödienhaus. Das Orchester, das Hiller dirigierte, war gut, was fehlte, waren gute Sängerinnen. Die weiblichen Partien wurden bis dahin mit Knaben besetzt. Er habe es sich daher, wie Hiller in seiner Lebensbeschreibung festhielt, angelegen sein lassen, den Gesang in eine bessere Gestalt zu bringen, denn dies wesentliche Stück sei zu sehr als Nebensache betrachtet worden. Hiller brauchte Sängerinnen, und deshalb bildete er die begabte Corona Schröter aus. Er lehrte sie nach einem seiner Vorbilder, Pier Francesco Tosi, den freien, gefühlsbetonten, improvisierten Vortrag, für den Corona Schröter zeitlebens geschätzt wurde. Der Weg, ihn zu erlernen, begann bei Hiller mit dem deutschen Lied und führte über das Singspiel zur italienischen Arie. Hiller bestand auf dem Erlernen der italienischen und französischen Sprache, die Corona Schröter bereits ausreichend beherrschte. Nur wer weiß, was er singt, singt gut. Das Klavierspiel, mit dem Corona Schröter in Warschau begonnen hatte, gehörte für Hiller zum Gesang dazu, da er glaubte, nur so begreife ein Sänger die Grundsätze der Musik. Hillers gründliche Ausbildung in Lied und Singspiel kam Corona Schröter später für ihre eigenen Kompositionen zugute.

Corona Schröter hatte die Vorgaben Hillers gut gelernt, und Hiller überzeugte einen der Kaufleute, die das Große Konzert maßgeblich finanzierten, Gottlieb Benedict Zehmisch, Corona Schröter zu engagieren. Am 14. Juni 1764 trat sie dort als Signora Schröter mit der Arie *Pensa, oh Dio, bel idol mio* des italienischen Komponisten Baldassare Galuppi erstmals auf. Sie begeisterte die verwöhnten Zuhörer so sehr, daß sie von nun an ständig im Großen Konzert sang. 400 Reichstaler im Jahr wurden ihr dafür ausgezahlt, das Doppelte der Gage eines guten Schauspielers. Sie wurde umschwärmt, Gedichte wurden auf sie geschrieben, Flugblätter verfaßt, und eines davon druckte Hiller in seinen *Wöchentlichen Nach-*

richten am 28. Dezember 1767. Zugeschrieben wurde das anonyme Gedicht Johann Wolfgang Goethe, der häufiger für Anbeter Corona Schröters Gelegenheitsgedichte auf sie verfaßte. »Am 20. und 22. Dezember wurde das Oratorium des vortrefflichen Herrn Operkapellmeisters Hasse: Sant'Elena al Calvario in hiesigem Konzerte nochmals aufgeführt und von einer zahlreichen Versammlung mit gleicher Rührung und Vergnügen angehört. Der Demoiselle Schröter, welche die Rolle der Helena sang, ist folgendes kleine Gedichtchen zu Ehren von einem Unbekannten verfertigt und gedruckt ausgegeben worden:

> Unwiderstehlich muß die Schöne uns entzücken,
> Die frommer Andacht Reize schmücken.
> Wenn jemand diesen Satz durch Zweifeln noch entehrt,
> So hat er dich niemals als Helena gehört.«

Goethe war 1765 für beinahe drei Jahre zum Studium nach Leipzig gekommen, das nach dem Krieg nur noch gut 30 000 Einwohner zählte. 1765 war Goethe sechzehn. Er war wohlhabend und genoß das gute Leben, er galt als Geck. Leipzig, im Krieg wechselnd besetzt, geplündert und umkämpft, begann sich zu erholen, war galant und lebenslustig, und schon in seinem ersten Leipziger Jahr begegnete Goethe Corona Schröter. Er hörte sie im Konzert und machte ihre nähere Bekanntschaft im Haus des Musikverlegers Gottlob Immanuel Breitkopf, mit dessen Kindern er musizierte. Bei Johann Adam Hiller war auch Goethe häufig zu Gast, und der Leipziger Maler und Direktor der Mal- und Zeichenschule, Adam Friedrich Oeser, gab Goethe und Corona Schröter Unterricht im Zeichnen. Corona Schröter gehörte zum engsten Kreis der Familie Oesers, mit dessen Töchtern Friederike und Wilhelmine sie befreundet war. Später verstand sie sich mit Oeser nicht mehr. Sie hatte »Pick« auf ihn, wie Goethe das nannte. In welchem Verhältnis Goethe damals zu Corona Schröter stand, ist nicht geklärt. Johann Friedrich Reichardt aber, der sich selbst in sie verliebte, merkte in seinem *Lustigen Passagier* an, Corona Schröter sei bereits in Leipzig Goethes schwärmerisch geliebte Freundin gewesen, die sie ihm dann in Weimar wieder wurde.

Nach zwei Jahren des ungeteilten Erfolgs trat im Großen Konzert eine Sängerin an Corona Schröters Seite: Gertrud Elisabeth Schmehling. Auch ihr Vater, Johann Schmehling, war Musiker, auch er hatte ihre musikalische Begabung gefördert und ausgebeutet. Als Kind war sie in Stuttgart und Wien als Violinistin aufgetreten, in London war sie bei einem Hofkonzert als Sängerin entdeckt und weiter ausgebildet worden. Ihre Stimme reichte vom eingestrichenen g bis zum dreigestrichenen e und war so kräftig, daß sie Chor und Orchester im fortissimo übertönte. Hiller engagierte sie für 600 Reichstaler im Jahr. Gertrud Elisabeth Schmehling war siebzehn Jahre alt, als sie die Konkurrentin Corona Schröters wurde. Beide sangen von 1766 an abwechselnd im Großen Konzert, und häufig die gleichen Partien. Da sie oft gemeinsam auf der Bühne standen, waren sie leicht zu vergleichen. Die Musikliebhaber Leipzigs stritten sich. Johann Wolfgang Goethe in den *Biographischen Einzelheiten* über das *Leipziger Theater*: »Die nachher als Mara so bekannt gewordene Schmehling befand sich mit ihrem Vater gleichfalls in Leipzig und erregte allgemeine Bewunderung. Dagegen hatte Corona Schröter, ob sie gleich mit jener es nicht an Stimme und Talent aufnehmen konnte, wegen ihrer schönen Gestalt, ihres vollkommen sittlichen Betragens und ihres ernsten anmutigen Vortrags eine allgemeine Empfindung erregt, welche sich, je nachdem die Personen waren, mehr oder weniger als Neigung, Liebe, Achtung oder Verehrung zu äußern pflegte. Verschiedene ihrer Anbeter machten mich zum Vertrauten und erbaten sich meine Dienste, wenn sie irgendein Gedicht zu Ehren ihrer Angebeteten heimlich wollten drucken und ausstreuen lassen. Beide, die

Schröter und Schmehling, habe ich oft in Hasseschen Oratorien nebeneinander singen hören, und die Wagschalen des Beifalls standen für beide immer gleich, indem bei der einen die Kunstliebe, bei der andern das Gemüt in Betrachtung kam.« Johann Wolfgang Goethe stand weder auf Seiten der Anhänger der Schröter noch der Schmehling, die sich mit Schmähschriften auf die eine oder die andere bekämpften. Ludwig Rellstab berichtet, Goethe habe jedesmal, nachdem er die Schmehling gehört hatte, bei Pfannkuchen und Wein auf sie getrunken.

Die Bewunderer Gertrud Elisabeth Schmehlings und Corona Schröters beschimpften sich, die Sängerinnen selbst verstanden sich gut, so ein anonymer Nachruf auf Corona Schröter in der *Allgemeinen Musikalischen Zeitung* 1803 unter dem Titel *Biographische Nachricht*. Zu unterschiedlich waren ihre musikalischen Begabungen, zu sehr wird Hiller auf das Einvernehmen zwischen seinen beiden Sopranistinnen gedrungen haben. »Schon die Natur hatte dafür gesorgt, daß beide in freundschaftlichem Verein ihre Laufbahn fortsetzen konnten. Corona war sanft, war bescheiden und nachgebend; ihre Neigung, wie ihre Stimme, bestimmten sie weit mehr für das Adagio als für glänzende Partien, da Elisabeth damals noch alles Sanftere vernachlässigte und einzig an dem Großen hing. Wenn diese mit Rosen bekränzt wurde, begnügte jene sich mit einem Kranze Vergißmeinnicht und reichte auch diesen gern ihren damaligen Lieblingskomponisten, Hasse und Pergolesi. Man konnte kaum etwas Schöneres hören (und auch sehen), als wenn Corona, ganz ihren und des leitenden Künstlers Gefühlen sich hingebend, eine massige Arie der genannten Meister im Konzert oder auch ein Lied ihres Lehrers und Freundes Hiller am Klavier sang.«

Der Wettstreit zwischen beiden endete 1771, als Friedrich II. von Preußen die nach ihrem Mann, Johann Mara, »La Mara« genannte Schmehling für ein Vermögen von 3000 Reichstalern im Jahr als erste deutsche Sängerin an die Berliner Hofoper holte, und das, obwohl er nach einem Zeugnis Friedrich Nicolais bis dahin behauptet hatte, er wolle sich lieber von seinem Pferd etwas vorwiehern lassen, als einer deutschen Primadonna zuhören. Franz Wilhelm Kreuchauff, einem Parteigänger Corona Schröters, fiel dazu nur ein, Friedrich sei von seinen Sendboten schlecht beraten worden, sonst würde er nicht die Mara, sondern die Schröter geholt haben. Später sang La Mara in Paris, London, Venedig und Moskau, bei dessen Brand sie ihre gesamte Habe verlor, und noch 1831, ein Jahr vor seinem Tod, schrieb Goethe ein Lied zu ihrem zweiundachtzigsten Geburtstag, um das ihn der Weimarer Kapellmeister Johann Nepomuk Hummel gebeten hatte. Zwei Jahre darauf starb Gertrud Elisabeth Mara zurückgezogen in Reval.

In dem Jahr, in dem La Mara Leipzig verließ, lernte die zwanzigjährige Corona Schröter den neunzehnjährigen Johann Friedrich Reichardt kennen. Von ihm stammt eine ausführliche Beschreibung von Corona Schröters Ausführung der Werke Hasses, mit denen sie Goethe begeistert hatte. »Besonders deklamierte sie das Rezitativ meisterhaft. Ihre schöne Gestalt, ihre edle, hohe Haltung, ihr bewegliches, ausdrucksvolles Gesicht gab diesem rezitativischen Vortrag eine Kraft, einen Zauber, den ich nie gekannt, vorher nie empfunden hatte. Für sie komponierte ich die ersten italienischen Arien nach Poesien von Metastasio, fühlte aber sehr wohl, wie sie für eine solche Sängerin noch nicht gut genug waren, und kam gerne immer wieder mit ihr zu den Hasseschen Meisterszenen zurück, die sie so unübertrefflich vortrug. Besonders eine große Szene aus Hasses *Artemisia*, die mit der Arie schließt: ›Rendetemi il mio ben, numi tiranni‹ konnte man gar nicht oft genug von ihr hören, und es verging selten ein Tag, wo ich sie nicht von ihr mir erbat; aber auch nie habe ich ihr ohne die tiefste Herzensbewegung gelauscht. Dieser hohe Genuß hat mich vielleicht zu dem Künstler gemacht, der ich geworden bin.«

Reichardt war nach Leipzig gekommen, um sich weiter in der

Unbekannt: Corona Schröter, undatiert

Musik auszubilden. Er stand am Anfang seiner Laufbahn, die ihn 1775 als Kapellmeister Friedrichs des Großen nach Berlin und 1808 als Hofkapellmeister Jérome Bonapartes nach Kassel führte. Goethe schätzte Reichardt und dessen Kompositionen zeitweise überaus. Seine Ankunft in Leipzig beschrieb Johann Friedrich Reichardt in *Der lustige Passagier. Erinnerungen eines Musikers und Literaten:* »Von dem alten, braven Hiller wurde ich mit ausnehmender Liebe und Güte empfangen, und nach wenigen Tagen schon war ich ein geliebtes Mitglied dieser herzensguten Familie. Doch war dieses nicht das einzige und stärkste Band, das mich an Leipzig fesselte. Ich sah die schöne, herrliche Künstlerin Corona Schröter und ward zum ersten Mal im Leben von heißer, inniger, tief begeisterter Liebe erfüllt und ganz durchdrungen. Sie ward mir die Sonne, die Tag und Nacht Freud und Leid mir bestimmte, alles erhellte oder verdunkelte.« Reichardt wurde Corona Schröters Verehrer, der sie, anders als Goethe, hitzig begehrte. Goethes Liebschaft in Leipzig hieß Anna Katharina, Käthchen, Schönkopf, und nicht Corona Schröter.

Reichardt und Corona Schröter sahen sich fast täglich und häufig in ihrer Wohnung am Fleischerplatz nahe der alten Hahnreibrücke im Richterschen Garten, einem von mehr als dreißig Schaugärten außerhalb der von Festungsmauern und Gräben eingeschnürten Stadt. Das Haus, in dem sie lebte, gehörte dem Gärtner Probst, dessen Tochter Wilhelmine Probst die Bedienstete und Anstandsdame Corona Schröters wurde. Johann Friedrich Reichardt: »Das Jahr, welches ich in Leipzig zubrachte, habe ich eigentlich nur für sie gelebt, so mannigfach ich mich auch nach vielen Seiten hin daneben zu beschäftigen suchte. Jeder Morgen und jeder Nachmittag ward fast ganz mit ihr, in ihrer Gartenwohnung vor der Stadt, an ihrem Flügel bei Hasseschen Partituren verlebt. Und wie verlebt!«

Johann Friedrich Reichardt begleitete sie am Flügel oder mit der Violine so gut, daß Hiller ihn aufforderte, in seinem Haus Konzerte zu geben, und Reichardt kam der Bitte nach. Mit Corona Schröter im Großen Konzert aufzutreten, verweigerte Reichardt jedoch. Ihren Gesang vor den schwatzhaften Zuhörern sah er als Vergeudung an, und obwohl er keinerlei Geld besaß, hatte er die Absicht, Corona Schröter, die mit dem Großen Konzert unzufrieden geworden war, eine Kündigung ihres Vertrages zu ermöglichen. »Wie groß Reichardts Vertrauen auf sein künftiges Glück schon damals gewesen sein muß«, schrieb Reichardt über sich selbst, »erhellt aus dem unglaublich kindischen Plane, daß er, der durchaus gar nichts besaß, der edlen Corona die 400 Taler jährlichen Einkommens, die sie von dem Stadtkonzert hatte, heimlich versichern wollte, damit sie nicht länger den ihr verhaßten, kleinen, öffentlichen Dienst zu leisten hätte. Unerachtet er für sich selbst ohne alle bestimmte Aussicht zu irgendeiner Einnahme war, glaubte er doch fest, die Rückzahlung jener Pension von künftigem Verdienste leisten zu können, wenn sie nur jetzt einer seiner bemittelten Freunde übernähme. Er wandte sich deshalb an mehrere derselben in Königsberg und Danzig, die das Geld vierteljährig, ohne den Geber zu nennen, ihr übermachen sollten, damit die edle Künstlerin wenigstens in Beziehung auf das öffentliche Konzert ihren freien Willen gewinnen könne. Natürlich war das Ansuchen an die Freunde überall vergeblich. Dabei lag übrigens nicht die geringste Idee, je zu ihrem Besitze zu gelangen, zugrunde.«

Reichardt versuchte sehr wohl, Corona Schröters Liebhaber zu werden. Er komponierte für sie, kleidete sich ganz nach ihren Wünschen und führte sie aus, so oft er sich das leisten konnte. Die in Leipzig beliebten Kuchengärten mit ihren vielen Besuchern aber mied er. Er wollte Corona Schröter für sich. »Ein einsames Dorf, wenn das Gedächtnis nicht trügt, Schönefeld genannt, war desto öfter das angenehme Ziel der Spaziergänge, die ich unter sinnigen Gesprächen mit der schönen Corona und ihrer treuen Hausfreundin, der Tochter ihres Hauswirtes, des Kunstgärtners Probst, die ihr auch bis zu ihrem Tode eine treue Lebensgefährtin blieb, machte. Dort wurden in einem einsamen, am fruchtbaren Felde gelegenen Gartenhause sehr feine Biscuits gegessen, welche die zarte Corona ebenso vorzüglich fand wie ihr an Süßigkeiten gewöhnter preußischer Anbeter. Nicht selten gaben sie Veranlassung zu naiven Kinderszenen, die die geborene Künstlerin mit unnachahmlicher Grazie und Wahrheit durchzuführen wußte. In allen Stücken fügte der liebeglühende Jüngling sich dem Geschmack seiner so schwärmerisch verehrten Corona, sogar in der Kleidung.« Die Kompositionen, die Reichardt für sie schrieb, sang Corona Schröter nur für ihn in ihrem Zimmer, doch nie in der Öffentlichkeit. Sie hielt sie für zu unreif. Reichhardt stimmte ihr zu und hat die Kompositionen auch nach Leipzig nie öffentlich spielen lassen. »Sie später von andern Sängerinnen vortragen zu lassen, erschien ihm wie eine Entheiligung derselben.«

Die Spaziergänge, die Kleidung – Reichardt brauchte Geld. Um in Leipzig bleiben zu können, veranstaltete er ein Konzert im Schauspielhaus, doch ohne Erfolg. Besser verkauften sich seine Konzerte im Richterschen Garten, und bei einem dieser Konzerte nahm er sich ein Herz. »Nach einem solchen Konzerte, das sie sehr erfreut und gerührt zu haben schien, wagte ich es, ihr in einem Gange des Gartens einen Kuß zu geben, der aber durch die spröde, wegwerfende Art, mit der sie diese Frechheit zurückwies, der einzige blieb. Ein leiser Händedruck, ja eher Fingerdruck, blieb die höchste Belohnung für mein treues Dienen und die grenzenlose Verehrung und Liebe, die ich ihr zollte.«

Sein Werben um Corona Schröter blieb nicht unbemerkt. Sie erregten so sehr Aufmerksamkeit, daß der Schriftsteller und spätere Direktor des Berliner Nationaltheaters Johann Jacob Engel eine komische Oper nach dem Vorbild von Carlo Goldonis *Lo speziale* auf beide schrieb, in der Reichardt als Reiger und Corona Schröter als Crönchen auftreten. Johann Friedrich Reichardt, *Der lustige Passagier:* »Reichardts Liebe zur schönen Corona in einer Operette zu verewigen, machte sich der damalige Magister und nachherige Professor Engel den Spaß, ein Stück zu schreiben, in welchem er eine schöne, reine Corona und einen Liebhaber nach Reichardt geschildert darstellte. *Die Apotheose* oder etwas ähnliches hieß das Ding, welches in späteren Jahren diesem zufällig in Berlin zu Gesichte kam. Nur schade für den Poeten, daß seine Poesie eine noch kürzere Ewigkeit hatte als das Verhältnis Reichardts zu Corona.« Ganz so göttlich wie Reichardt sich des Titels erinnerte, sah Engel beider Beziehung nicht. Das Stück, das 1772 in Leipzig gedruckt wurde, hieß *Die Apotheke*, und Reiger kommt darin weiter als

Reichardt oder zumindest weiter, als Reichardt im *Lustigen Passagier* zugab, vielleicht um Corona Schröters guten Ruf zu wahren. Reichardt verließ Leipzig 1772. Siebzehn Jahre später sahen sie sich in Weimar wieder. Reichardt war vom 23. April bis 5. Mai 1789 zu Gast bei Goethe, der sich da längst von Corona Schröter abgewandt hatte. Wie das Wiedersehen mit ihr ausfiel, ist nicht bekannt.

Von 1772 an blieb Corona Schröter Leipzig immer häufiger fern. Sie ging mit auf die gewinnträchtigen Konzertreisen, die ihr Vater Johann Friedrich, ihr Bruder Johann Samuel und ihre Schwester Maria Henriette Schröter seit 1767 unternahmen. 1771 und 1772 stand Corona Schröter auf dem Gipfel ihrer Gesangslaufbahn, und ihr Vater nutzte ihre Berühmtheit. Gastengagements wurden weitaus besser bezahlt als Festverträge, und Corona Schröter kamen die Konzertreisen entgegen. Sie konnte Geld für die kommenden Jahre zurücklegen, denn ihre Stimme begann nachzulassen. Die früh entstandene Schwäche war kaum noch zu verbergen. Während für die Jahre bis 1772 keine Gastspiele Corona Schröters nachweisbar sind, lassen sich für 1772, 1773 und 1774 Auftritte in London belegen. Das Konzert vom 2. Mai 1772, mit dem Johann Samuel Schröters Karriere in England begann, war der Höhepunkt der Reisen der Familie. Das Konzert stand unter der Leitung Johann Christian Bachs und Karl Friedrich Abels. Im Jahr darauf trat Corona Schröter mit Johann Samuel Schröter in der »Turk's Head Tavern«, einem Londoner Gasthaus in St. Ann's, Soho, auf, ein weiteres Jahr später sang sie in einem Benefizkonzert Frederica Weichsells, einer Schülerin Bachs. Doch anders als ihr Bruder blieb Corona Schröter nicht in England. Ihre Stimme hatte bereits zu sehr gelitten. Sie wußte, daß ihr Gesang den Ansprüchen nicht mehr lange genügen würde. Das Ende ihrer Gesangskarriere hatte Corona Schröter seit längerem bedacht und spätestens mit dem Ausscheiden Hillers aus dem Großen Konzert 1771 ernsthaft vorbereitet. Sängerinnen, deren Stimme versagte, tauschten häufig die Konzert- mit der Theaterbühne oder kamen als Kammersängerin an einem der vielen fürstlichen Höfe unter. Corona Schröter war beides recht, sofern Bühne oder Hof ihr angemessen wären.

Schon während der Jahre mit Goethe war Corona Schröter als Schauspielerin »in einer damaligen Liebhaber-Gesellschaft« aufgetreten. Im Haus Gottlob Immanuel Breitkopfs spielte sie mit Goethe, berichtet Reichardt im *Lustigen Passagier:* »Mancher Abend wurde da unter frohen Spielen und lebhafter witziger Unterhaltung durchlebt, bald mit Musik, bald mit sinnreichen und lustigen Aufführungen dramatisierter Sprichwörter. Man erzählte damals noch oft davon, wie Goethe wenige Jahre vorher in diesen Spielen geglänzt. Er hatte in Leipzig theatralische Belustigungen sehr geliebt und mit der Familie Breitkopf und der schönen Corona manche erfreuliche Darstellung veranstaltet.« Bei ihrer Rückkehr aus England war ihr Ruf als Schauspielerin immerhin bereits so gefestigt, daß ihr der Leipziger Buchhändler und Schriftsteller Johann Gottfried Dyck seine 1775 erschienene *Chronologie des deutschen Theaters* unter dem 20. Dezember 1774 widmete. *An Madmoiselle C. E. W. Schröter zu Leipzig:* »Wenn schon öfters«, so Dyck, »Autoren Ihren musikalischen Talenten gehuldigt haben, so hat noch keiner gegen Ihre theatralischen die öffentliche Ehrfurcht an den Tag gelegt, die Ihnen gebührt. Stolz darauf, hierinnen der erste zu sein, setze ich Ihren Namen kühn vor diesen Versuch einer Geschichte des deutschen Theaters. So oft ich von meinen Freunden Klagen über den Mangel an Schauspielerinnen hören mußte (denn hierinnen hat das deutsche Theater unstreitig zu wenig Zuwachs), so oft ich den Gründen nachdachte, welche von der Seite die Aufnahme unsrer Bühne hindern; so entstand in mir jederzeit der Wunsch, unser Theater möchte so eingerichtet sein, daß Personen wie Sie es ohne Bedenken betreten könnten. Da ich der Privattheater keine Erwähnung tun durfte, so konnte ich auch nicht von demjenigen reden, auf welchem Sie die Rollen der Eugenie und Cäcilie (im *Galeerensklaven*) mit solchem Beifalle vorgestellt haben, daß man Ihnen von unsern eigentlichen Schauspielerinnen niemand als Madam Seiler und Madam Starke an die Seite zu setzen wußte. Daß solche Talente aber je auf öffentlicher Bühne glänzen könnten, wann steht dies zu hoffen? Wer entschließt sich gern, andre Verbindungen aufzugeben und sich ihr zu weihen, so lange sie keine öffentliche Anstalt wird? Nie aber wird sie dies werden, wenn nicht – welches fast unmöglich ist – der vernünftigen Liebhaber derselben so viel werden, als es jetzt unvernünftige gibt. Die Bühne zu schätzen erfordert Verstand, da man bloß Augen und Ohren nötig hat, um an Malerei und Musik Geschmack zu finden. Ich sage Geschmack; denn Oesers Malereien und Ihr Gesang, wenn er sich einem Hasse nachschwingt, erfordert einer Kennerschaft, die nicht so gemein ist.«

Die meisten der damaligen Bühnen boten seichte Stücke, derbe Späße, frivole Lieder und anzügliche Tänze. Der Abstieg von der angesehenen Konzert- auf eine gering geachtete Schauspielbühne wäre groß gewesen. Solange sie noch ausreichend singen konnte, wartete Corona Schröter daher auf das Angebot einer ernsthaften Bühne von gutem Ruf oder auf ein Anerbieten als Kammersängerin bei einem Fürstenhof. Zwar wurde vermutet, Corona Schröter sei bereits neben ihren Konzerten mit der Schauspieltruppe Heinrich Gottfried Kochs in Leipzig aufgetreten, doch öffentliche Theaterauftritte sind im einzelnen nicht belegbar. Gespielt aber hat Corona Schröter, wie ein Brief ihrer Freundin Friederike Oeser von 1775 zeigt: »Allein ungeachtet sie nur selbst einige zwanzig ist, hat sie doch fast gänzlich ihre Stimme verloren. Sie spielt sehr schön Klavier und bläst ganz allerliebst die Flöte, spricht Französisch und Italienisch vollkommen und würde eine unserer ersten Schauspielerinnen sein, wenn sie sich entschließen könnte, aufs Theater zu gehen. Sie spielt zuweilen zu ihrem Vergnügen, wo sie ihre Freunde und Bekannten dazu einladet.« Corona Schröter brachte sich als Schauspielerin ins Gespräch, denn sie hatte sich entschlossen, das Große Konzert aufzugeben. Das Bild, das Friederike Oeser von ihr entwirft, beschreibt sie aber zugleich als lebenslustige junge Frau, und der erste erhaltene Brief Corona Schröters zeigt sie humorvoll und gewitzt. Dieser Brief stammt vom 7. Juni 1774 und galt Friedrich Justin Bertuch in Weimar und dessen Stück *Elfriede*. Das Trauerspiel hatte Bertuch 1773 geschrieben und an Wieland geschickt, der vergeblich versuchte, das Wiener Hoftheater für eine Aufführung zu gewinnen. Die Uraufführung des Stücks erfolgte in Weimar am 4. September 1773. Im Jahr darauf hat Bertuch Leipzig besucht. Corona Schröter: »Ob ich mich gleich niedersetze, um an meinen lieben Bruder Fritz zu schreiben; so kann ich es doch gar nicht mit der Ruhe und Gelassenheit tun, mit der man sonst an einen Bruder zu schreiben pflegt. Da fällt mir alle Augenblicke Herr Bertuch, der gelehrte Mann, der große Dichter ein. Stellen Sie sich vor, wie mir dabei zumute werden muß! Nein, so lange ich Sie mir in dieser Gestalt denke, kann ich kein Wort aufbringen – – Nun – so will ich denn ganz allein an meinen lieben Bruder Fritz, an den nachsichtigen, gütigen Freund schreiben. Von diesem habe ich nichts zu befürchten, in diesen seinen Augen werde ich durch meinen schlechten Brief nichts verlieren, denn er wird bloß gute, redliche Gesinnung und nicht schöne Wendungen und Ausdrücke darin suchen. Ist es nicht so, bester Freund? Sind Sie mit diesem Zutrauen in Ihre Freundschaft zufrieden? Sie werden diesen Brief von den Händen unseres lieben Freundes Steinauer empfangen. Bloß deswegen muß er Ihnen ein wenig lieb sein, wenn er es auch sonst gar nicht wäre. Der lose Mann wird mich wegen meiner Nachlässigkeit im Schreiben bei Ihnen schwarz zu machen suchen, wenn er es nicht schon getan hat, aber glauben Sie ihm nur nicht! Er wird sich vielleicht darauf berufen, daß er mich einige Mal hat erinnern müssen, Ihnen zu antworten, und daß ich mich geweigert habe, es zu tun; aber das war nur aus Scherz, weil ich ihm gerne das Vergnügen machen wollte, mich ausschelten zu können. Denn das tut er gar zu gern. Wenn Sie nur wüßten, was er für ein böser, böser Mann ist! Wie er mit seinen Freunden umgeht! Wie er sie quält, o! und was er ihnen alles nachsagt! Das sollten Sie nur erst hören – doch Sie mögen ihm diesen Brief zeigen, und da könnte ich schön ankommen! Nein, ich sage kein Wort mehr. – Nun, zu Ihrem lieben Briefe. Sie würden würden würden mir in der Tat Unrecht tun, wertester Freund, wenn Sie mir im Ernst zutrauten, daß ich Sie so bald vergessen könnte. Wer einmal meine Achtung und Freundschaft hat und sie so sehr wie Sie verdient, könnte ich den jemals vergessen? Sehr oft unterhalten wir uns, Minchen und ich, von Ihnen und erinnern uns mit Vergnügen an die Zeit, da wir Ihren angenehmen Umgang genossen. Hätte sie doch nur länger gedauert oder sähen wir Sie nur wenigstens bald wieder, da ließen wir Sie gewiß nicht so geschwind wieder weg. Sie sind doch immer noch auf dem guten Gedanken, diesen Sommer noch einmal herzukommen? O tun Sie es doch, ja! Wir bitten Sie alle darum! Ihre *Elfriede* hat uns unser lieber Steinauer vorgelesen. Ich wünschte nichts mehr, als Sie von rechten guten Acteurs vorstellen zu sehen; es muß eine vortreffliche Wirkung tun. In der Tat, Elfriede ist das liebenswürdigste Geschöpf, das man sich denken kann. So eine Gattin wünschte ich Ihnen, ganz so wie Elfriede. Sie fragen mich, ob ein Mädchen wie diese meine Freundin sein könnte? O um wie vieles müßte ich besser sein, so eine Freundin zu verdienen! Minchen erwidert Ihr Grüß dich Gott Schätzerl auf das beste, und empfiehlt sich in Ihr Andenken. Ich wünsche Ihnen, glücklich und gesund zu leben; bitte Sie ferner um Ihre Freundschaft und bin stets Ihre aufrichtigste Freundin Corona Schröter. Dem Hr. Hofrat Wieland bitte mich recht vielmals zu empfehlen.« Corona Schröter könnte Christoph Martin Wieland durch einen Leipziger Freund, den Kaufmann Christian Wilhelm Steinauer, kennengelernt haben, vermutlich bei Wielands erstem Besuch in Leipzig vom 5. bis zum 15. Juni 1770. In einem Brief an Steinauer vom 21. September 1774 erinnerte sich Wieland zumindest, Corona Schröter gehört, gesehen und mit ihr zur Nacht gespeist zu haben. Ebenfalls durch Steinauer könnte sie mit Bertuch bekannt geworden sein.

Nachdem bereits ihr Förderer Johann Adam Hiller das Große Konzert verlassen hatte, gab 1775, im Jahr nach Corona Schröters Brief an Bertuch, auch der ihr wohlgesonnene Gottlieb Benedict Zehmisch sein Direktorat des Konzerts auf, und zu gleicher Zeit legte der Nachfolger Hillers die Leitung nieder. Immer weniger hielt Corona Schröter in Leipzig, zumal das Konzert nach Hillers Weggang an Reiz verloren hatte, wie Reichardt in seinen *Briefen eines aufmerksamen Reisenden* von 1776 wenig wohlwollend schrieb: »Es werden in diesem Konzerte Symphonien gespielt, Arien gesungen – die beste Zierde des Konzerts, die Madem. Schröter ihm gibt – und auf verschiedenen Instrumenten Konzerte gespielt. Wenn diese aber nun auch noch so gut gewählt und ausgeführt werden, so ist die Begleitung doch immer schlecht.« 1778 wurde das Große Konzert endgültig eingestellt. Corona Schröter aber hatte Leipzig da längst verlassen. Sie war einem Ruf nach Weimar gefolgt, um dort als Kammersängerin und Schauspielerin am Hof zu leben. Herzog Carl August von Weimar hatte ihr auf Lebenszeit die 400 Reichstaler jährlich zugesichert, die sie am Großen Konzert verdient hatte.

Daß ihr Stimmumfang abgenommen hatte und von einer Kammersängerin in der Regel keine schwierigen Partien verlangt wurden, war ein gewichtiger Grund gewesen, den Vertrag anzunehmen, doch er war nicht der alleinige. In ihren Leipziger Jahren war Johann Friedrich Reichardt ihr bevorzugter Verehrer gewesen, aber er war nicht der einzige – auch nicht der einzige, der abgewiesen wurde. Gesang und Aussehen hatten Corona Schröter in Leipzig begehrt gemacht. Nach Goethes Abreise 1768 bat der Leipziger Stadtrat und Musikliebhaber Karl Wilhelm Müller die weitaus jüngere Corona Schröter vergebens um ihre Hand, Christian Gottfried Körner, Schillers späterer Freund, mühte sich ebenfalls umsonst und auch der Theaterunternehmer Abel Seyler begeisterte sich vergeblich. 1774 schrieb Seyler über sie und Romana Koch nach Weimar an Friedrich Justin Bertuch, der ihm von Corona Schröter vorgeschwärmt hatte: »O welch ein Mädchen! Ich verzeihe Ihnen jetzt Ihre ganze Entzückung! Und Donna Koch?« so Abel Seyler, »welch ein Nichts in Vergleichung mit ihr; ein einziger Blick von ihr ist mir lieber als der Koch ganzes Halleluja!« Ob der spätere Bürgermeister Leipzigs, Karl Wilhelm Müller, noch weit über zehn Jahre nach seinem abgelehnten Antrag ein Porträt Corona Schröters bei Anton Graff für sich in Auftrag gab, und ob Graffs Bildnis einer Dame im weißen Atlaskleid mit blauer Schärpe tatsächlich Corona Schröter darstellt, wurde nie vollständig geklärt.

Corona Schröter verbat sich Zudringlichkeiten höflich, aber bestimmt. Sie war vornehm zurückhaltend darauf bedacht, nicht wie so viele auf der Bühne als leichtes Mädchen zu gelten. Gefühlskalt jedoch war sie nicht. Ein Graf, dessen Name nicht bekannt wurde, scheint bei ihr Erfolg gehabt zu haben. Bürgerliche zu heiraten, war für Adelige zwar ungewöhnlich, aber möglich, eine von der Bühne zu heiraten, war hingegen unmöglich. Sängerinnen und Schauspielerinnen wurden bestenfalls als Mätressen gehalten oder geadelt, um den Schein zu wahren. Johann Daniel Falk, *Erinnerung an Corona Schröter:* »Von den Verhältnissen dieses edlen Geschöpfes zu Männern wäre hier zu sprechen der Ort: aber es ist noch zu früh, ohne indiskret zu sein, über diesen Punkt etwas ins Publikum zu bringen. Der um die Verschönerung Leipzigs hochverdiente Bürgermeister Müller bot ihr die Hand, die sie aber mit Standhaftigkeit ausschlug. Ein andermal stand sie in Gefahr, das Opfer eines Lovelace zu werden, eines gewissen Grafen ..., der ein Roué von der ersten Art war, und sie unter nichtigen Heiratsversprechungen nach Dresden zu locken suchte: aber noch gerade zur rechten Zeit kam sie hinter den Betrug, und sie entging diesem, sowie andern ihr gelegten Schlingen der Verführung. Überhaupt besaß sie einen scharfen, durchdringenden Verstand, und es entging ihr nicht leicht, wenn jemand ein Heuchler war. Daß das Hofleben sie verstimmte und daß sie unser Geschlecht zuletzt verachtete, mochte wohl am Ende einen und denselben Grund haben.« Die Entführung Corona Schröters durch den Grafen soll, anders als durch Falk dargestellt, durchaus mit ihrem Einverständnis vorbereitet, doch von ihren Freunden verhindert worden sein. Helle Aufregung. Ein Brief Goethes an Steinauer deutet die Wirren nach der gescheiterten Entführung an. Im April 1776 hatte Goethe besorgt um Corona Schröter an Steinauer geschrieben: »Trösten Sie den Engel. Wär' ich nur eine Stunde bei ihr. Ich danke für alles.« Kurz darauf, am 16. Mai, schrieb er noch einmal an Steinauer: »Danke, daß Sie Cröngen so erwischt haben. Sie sind ein ganzer Mann.«

Steinauer wird einer derjenigen gewesen sein, die Corona Schröters Flucht mit dem Grafen vereitelt hatten. Die Flucht hätte sie zum gefallenen Mädchen gemacht, das von der guten Gesellschaft ausgeschlossen, gemieden und geächtet worden wäre, auf die sie als Sängerin und Schauspielerin einer guten Bühne künftig noch angewiesen war. Dennoch scheint Corona Schröter für den Grafen alles aufs Spiel gesetzt zu haben. Die hehre, edle, hohe, reine Jungfrau, als die sie oft betrachtet wurde, war Corona Schröter nicht. Sie war weder blutleer noch marmorkalt, wie sie später Herzog Carl August von Weimar genannt hat. Der Skandal aber, von dem nur Johann Daniel Falk berichtet, wurde vertuscht, und von 1776 an war Corona noch mehr als bisher vor übler Nachrede auf der Hut. Alle ihre späteren Liebesbeziehungen hielt sie soweit als möglich verborgen. Das Angebot, als Kammersängerin an den herzoglichen Hof nach Weimar zu kommen, das sie nach der gescheiterten Entführung annahm, hatte sie zum richtigen Zeitpunkt erreicht, und der war kein Zufall. Den Vorschlag, sie zu holen, machte Johann Wolfgang Goethe.

Georg Melchior Kraus:
Szenendarstellung zu Goethes *Iphigenie auf Tauris*, 1779

*»Zum Muster wuchs das schöne Bild empor,
Vollendet nun, sie ist's und stellt es vor.«*

Goethes heimliche Liebe

Weimar, 1776 bis 1782

Am 7. November 1775 kam Johann Wolfgang Goethe auf Einladung des Herzogs nach Weimar. Am 3. September war Carl August von Sachsen-Weimar mit achtzehn für volljährig erklärt worden und hatte die Regierung von seiner verwitweten Mutter übernommen, der siebenunddreißigjährigen Herzogin Anna Amalia. Der Hof war jung. Goethe war sechsundzwanzig. *Götz von Berlichingen*, der am 14. April 1774 in Berlin erstmals aufgeführt wurde, und vor allem *Die Leiden des jungen Werthers*, die im selben Jahr erschienen, hatten ihn berühmt gemacht.

Mit gut 6000 Einwohnern war Weimar, wie Johann Gottfried Herder schrieb, ein Mittelding zwischen Hofstadt und Dorf. Weimar war ärmlich eingezwängt in eine Stadtmauer mit wenigen Toren, deren Fallgatter nachts verschlossen waren, durch die engen schmutzigen Gassen wurde morgens das Vieh getrieben, allein die Esplanade war befestigt, die dem Adel und den wenigen Reichen vorbehalten war. Das Weimarer Schloß war abgebrannt, das Fürstentum verschuldet. Der Weimarer Hof aber galt als Musenhof, den die Herzogin mit ihrer Vorliebe für Musik, Malerei, Literatur und Theater geschaffen hatte. Noch während ihrer Regentschaft holte Anna Amalia 1772 den damals meistgelesenen Schriftsteller Christoph Martin Wieland als Erzieher Carl Augusts nach Weimar, der Autor und Übersetzer Carl Ludwig von Knebel übernahm die Erziehung des Prinzen Constantin, Johann Carl August Musäus lebte in Weimar, der von 1782 an durch seine *Volksmärchen* bekannt wurde, die Kammerherren Friedrich Hildebrand von Einsiedel und Karl Friedrich Freiherr von Seckendorff hatten literarischen Ehrgeiz und ebenso der Verleger, Schriftsteller und Besitzer des Landes-Industrie-Comptoirs Friedrich Justin Bertuch, Weimars reichster Bürger. Johann Gottfried Herder wurde auf Goethes Wunsch hin 1776 als Generalsuperintendent an die Weimarer Stadtkirche berufen. Bei Hof waren Adel und Bürgerliche strikt getrennt, in Anna Amalias Witwensitz aber, dem Wittumspalais, versammelten sie sich unterschiedslos an einem Tisch, der Tafelrunde. Mit dabei: Goethe und die Hofdame Anna Amalias, Charlotte von Stein.

Noch ehe er nach Weimar gereist war, hatte Charlotte von Stein Werke Goethes begeistert gelesen und den Arzt Johann Georg Zimmermann um eine Beschreibung Goethes gebeten, die er ihr mit der Anmerkung schickte, sie wisse nicht, wie gefährlich ihr Goethe werden könne. Zugleich aber zeigte er Goethe einen Schattenriß Charlotte von Steins, der, so Zimmermann übertreibend, Goethe drei Nächte lang den Schlaf raubte. Kurz, Goethe und Charlotte von Stein waren überaus neugierig aufeinander.

Vier Tage nach Goethes Ankunft in Weimar begegneten sie sich erstmals, und von Beginn an bestürmte er sie leidenschaftlich. Charlotte von Stein aber wies ihn ab, weil sie ihn abweisen mußte. Sie war mit dem herzoglichen Stallmeister Josias von Stein verheiratet. Charlotte von Stein, sieben Jahre älter als Goethe, neigte zu Trübsinn, war kühl, streng, herb und, anders als Corona Schröter, keine augenfällige Schönheit. Als Dame des Hofes sprach sie Französisch, sie tanzte gut, spielte Klavier, malte und dichtete ein wenig. Sie kränkelte. Sieben Geburten hatten ihre Gesundheit angegriffen. Nur ihre drei Söhne überlebten. Ihre Ehe war nützlich, aber nicht erfüllend, denn Josias von Stein war selten zu Hause. Am liebsten kümmerte er sich um seine Pferde. Am Hof oder in der Einsamkeit ihres Gutes Großkochberg nahe Weimar führte Charlotte von Stein ein eher freudlos gelangweiltes Leben, von dem sie sich nur mehr wenig versprach. Das änderte sich mit Goethe. Schon im Dezember 1775 besuchte er Frau von Stein auf Schloß Kochberg, ritzte selbstsicher »6. Dezember 1776«, den Tag des Besuchs, in ihren Schreibtisch und sandte ihr schwärmerisch Zettel auf Zettel, Brief auf Brief. Doch Charlotte von Stein blieb zunächst zurückhaltend. Was sie anfangs von ihm abhielt, war sein in ihren Augen ungebärdiges Treiben. Als Adelige legte sie Wert auf vornehmes, höfisches Betragen, das Goethe ganz und gar nicht an den Tag legte. Goethe war für das Vergnügen des Herzogs zuständig.

Nachdem Carl August von Sachsen-Weimar die Regierung übernommen hatte, schnürte ihn das aufgezwungene Korsett des steifen Hofzeremoniells nicht länger ein. Der Herzog war ungestüm, und er nutzte die ungewohnte Freiheit. Sturm und Drang. Wie im *Götz von Berlichingen* wurde ständig und überall geflucht, selbst an der Hoftafel, daneben Parforcejagden, Schwimmen in eiskalten Bächen, Schlafen im Freien, Lagern im Wald, Tanz auf dem Dorfanger. In Weimar gehe alles erschrecklich zu, tratschte Johann Heinrich Voß, der Herzog laufe mit Goethe wie ein wilder Bursche herum, besaufe sich und genieße brüderlich dieselben Mädchen mit ihm. Derbe Späße, ungehemmte Feste, Schlittenfahrten, Eislaufen im Fackelschein – Goethe, der all das auf die Beine stellte, wurde dem Herzog unentbehrlich. Er gewann sein Vertrauen. Charlotte von Stein dagegen tadelte ihn für seine Ausschweifungen mit dem Herzog, verbot ihm zeitweise das Du, das er sich herausgenommen hatte, und stieß ihn zurück, vor allem auch, weil sie nicht an die Aufrichtigkeit seiner Beteuerungen glaubte. Goethes Liebeleien mit Dienstmägden, Schank- oder Bauernmädchen machten sie vorsichtig. Er log und trog sich, wie er selbst schrieb, bei allen hübschen Gesichtern herum.

Anna Amalia hingegen versprach sich zu recht von Goethe mäßigenden Einfluß auf den Herzog, sie schätzte ihn, zog ihn an ihre Tafelrunde, die er belebte. Sie wußte, daß ihm der ganze Tumult längst zuviel war, und da Goethe langsam besonnener wurde, kam ihm auch Charlotte von Stein näher. Sie unterlag seiner Ausstrahlung, mit der er die meisten Damen des Hofs für sich einnahm. Goethe umwarb sie weiter, und Charlotte von Stein wurde nachgiebiger. Zu lange hatte ihr die Aufmerksamkeit gefehlt, die er ihr schenkte. Goethe und Charlotte von Stein: sahen sie sich nicht, schrieb er ihr, sie besuchte ihn, er besuchte sie, sie nutzte ihren Einfluß auf ihn, erzog ihn, besänftigte ihn, wie Goethe schrieb. Sie trafen sich bei Maskenbällen, bei Konzerten oder bei Anna Amalias Tafelrunde, in der Goethe überaus gern gesehen war, denn er sorgte auch hier für Unterhaltung mit Gelegenheitsgedichten und Theaterstückchen, die der Hof selbst spielte.

Seine Bewunderung für sie, das geistreiche Leben mit ihm – Charlotte von Stein fühlte sich zu Goethe immer mehr hingezogen. Zeigen durfte sie das indes nicht. Sie war zu gut erzogen, zu sehr scheute sie das Gerede des Hofs. Auch sich selbst gegenüber gestand sie ihre beginnende Liebe nur insgeheim ein, und so spürte Goethe zwar ihre Zuneigung, doch all seine Mühen blieben weiterhin vergeblich, und er mußte einsehen, daß Charlotte von Stein nicht seine Geliebte werden würde. Das sich Woche für Woche vertiefende Gefühl eines Bürgerlichen für eine verheiratete Adelige konnte auf Dauer nicht statthaben, und Goethe steckte vorerst entmutigt zurück. Beider Sehnsucht aber blieb. Ihr Ausweg bestand darin, sich eine sittsam geistige Liebe vorzumachen, eine schickliche Seelenfreundschaft, die ihnen den Umgang miteinander erlaubte, ohne die durch Charlotte von Stein gesteckten Grenzen zu überschreiten. Bruder und Schwester jedoch war ein Trugbild, denn das unerfüllte Begehren brodelte in beiden weiter, wie die Ereignisse um das Angebot an Corona Schröter, an den Weimarer

Hof zu kommen, im Frühjahr 1776 zeigten. Weimar fehlte eine Kammersängerin und Schauspielerin von Rang.

Mit sechzehn Jahren war Anna Amalia mit Herzog Carl August Constantin von Weimar verheiratet und bereits in dessen erstem Regierungsjahr 1756 die wandernde Schauspieltruppe Karl Theophilus Döbbelins für stattliche 6800 Reichstaler im Jahr nach Weimar geholt worden. Nach einem Streit im Jahr darauf wurde Döbbelin entlassen und ein stehendes Hoftheater eingerichtet, das jedoch nach dem frühen Tod des Herzogs im Jahr 1758 bereits wieder aufgelöst worden war. Zehn Jahre lang blieb Weimar ohne eigenes Theater, bis dem Leipziger Theaterunternehmer Heinrich Gottfried Koch, den Corona Schröter gut kannte, 1768 in Leipzig verboten wurde, mehr als zwei Aufführungen in der Woche zu veranstalten. Anna Amalia griff zu und warb die Kochsche Truppe für Weimar an. 1771 löste Corona Schröters Bewunderer Abel Seyler mit seinem Ensemble Koch ab. Waren bislang nur leichte Operetten oder Singspiele aufgeführt worden, so standen nun Lessing, Diderot, Molière und Wieland auf dem Spielplan. Nach dem verheerenden Schloßbrand vom 6. Mai 1774 jedoch, bei dem der Theatersaal Weimars zerstört worden war, konnte Anna Amalia den teuren Abel Seyler nicht halten, und wie häufig an kleinen Rokokohöfen mit ihren Salons und Heckentheatern wurde nun ganz so wie in Breitkopfs betuchtem Leipziger Bürgerhaus Theater gespielt. Die Hofkapelle und deren Sängerinnen, die Bürgerlichen und Adeligen der Tafelrunde, die für das Theater Lust und Begabung zeigten, alle wirkten sie bei den Aufführungen im Hauptmannschen Haus an der Esplanade, auf Schloß Ettersburg oder in Schloß Tiefurt mit, und Goethe schrieb für sie leicht darzustellende Stücke. Dem Hof aber fehlte eine Schauspielerin für umfangreichere weibliche Rollen, die zugleich für schwierigere Gesangspartien geeignet war, die von den Sängerinnen der Hofkapelle nicht bewältigt werden konnten. Anna Amalia kannte als Musikliebhaberin Corona Schröter aus dem Leipziger Großen Konzert, in dem sie auch der junge Herzog gehört hatte, dem Corona Schröter vorgestellt worden war. Corona Schröter wiederum war neben Goethe mit Wieland bekannt und mit Friedrich Justin Bertuch befreundet, der nebenbei die Weimarer Theaterkasse verwaltete, und so fiel Goethes Vorschlag, die berühmte Sängerin und ausgewiesene Schauspielerin Corona Schröter nach Weimar zu holen, auf bereiteten Boden. Im März 1776 reiste Goethe nach Leipzig, um ihr das Engagement in Weimar anzubieten. Daß Corona Schröter nicht mehr länger auf den großen Bühnen singen konnte, werden zumindest Goethe und Bertuch gewußt und gegenüber Anna Amalia und dem Herzog geäußert haben, um ihnen die gute Gelegenheit vor Augen zu führen.

Am 25. März 1776, drei Uhr nachmittags, traf Goethe in Leipzig ein, das ihn anders als bei seiner ersten Ankunft im Jahr 1765 abstieß. Allein Corona Schröter, so Goethe, habe sein Inneres und Äußeres vor Leipzig geschützt. Noch am selben Tag eilte er zu ihr, und um zehn Uhr abends schrieb er ganz nach seiner Gewohnheit an Charlotte von Stein: »Die Schröter ist ein Engel – wenn mir doch Gott so ein Weib bescheren wollte, daß ich Euch könnt in Frieden lassen – Doch sie sieht Dir nicht ähnlich genug.« Deutlicher wurde Goethe gegenüber dem Herzog, dem er ebenfalls noch am selben Abend schrieb. »Ich bin seit vierundzwanzig Stunden: denn es ist netto abends achte: nicht bei Sinnen, daß heißt bei zu vielen Sinnen, über- und unsinnlich. Habe die Nacht durch manches Knäulgen Gedanken-Zwirn auf und abgewickelt.« Den Brief, in dem er Grüße Corona Schröters an den Herzog ausrichtete, schloß Goethe bei Sonnenaufgang: »Bleibe das wahre Detail zur Rückkunft schuldig.« Worin dieses wahre Detail bestand, ist nicht überliefert, allerdings suchte Goethe Corona Schröter gleich wieder auf, von der er sich den großen Monolog aus seiner *Stella* vortragen ließ. Ausgerechnet. Warum aus diesem Stück? Eine Andeutung an ihre Adresse? Eine offene Aufforderung für ein Verhältnis zu dritt? *Stella* endet in Goethes erster Fassung immerhin damit, daß Fernando, Cäcilie und Stella eine Wohnung, ein Bett teilen. Sogar eine beabsichtigte Heirat Goethes mit Corona Schröter wurde vermutet, um sich danach, befreit von Gerede, desto bedenkenloser mit Charlotte von Stein treffen zu können. Belegbar ist das aber nicht.

Noch am selben Tag, an dem ihm Corona Schröter die Stella vorsprach, schrieb der ebenso verwirrte wie begeisterte Goethe erneut an Charlotte von Stein: »Ich habe heut viel viel gelitten, aber auch Einen Moment! – O ich will nichts davon schreiben, daß ich seine Ganze Fülle erzählen kann. – Ich bin bei der Schrötern – ein edel Geschöpf in seiner Art – ach wenn die nur ein halb Jahr um Sie wäre! Beste Frau, was sollte aus der werden!« Dem Herzog meldete Goethe an diesem Abend: »Gelitten hab ich doch heute viel von Erinnerungen. Glückliche Augenblicke aber auch gehabt. Die Schrötern ist gar lieb und gut. Ihr Pick wider Oesern tut mir jetzt doppelt leid, da ich wieder ganz den alten lieben guten Menschen und wahrhaften Künstler wieder gefunden habe.«

Corona Schröter nahm Goethe wie schon vor gut zehn Jahren abermals für sich ein. Als Goethe Leipzig 1768 verlassen hatte, war Corona Schröter ein Mädchen von siebzehn Jahren. Nun aber stand ihm eine gebildete, kunstsinnige Frau von fünfundzwanzig Jahren gegenüber, die in allen Beschreibungen als überaus schön bezeichnet wird. Und Goethes Wirkung auf sie? Goethe war gutaussehend, ein gefeierter Schriftsteller und hatte Aussichten am Weimarer Hof. Kein Vergleich mit dem einstigen jungen Stutzer, mit dem sie bei Oeser gemalt und bei Breitkopf gespielt hatte. Trotz der schmeichelnden Einschränkungen in beiden Briefen an sie, hatte Charlotte von Stein daher nur zu gut verstanden. Da sie Corona Schröters Wirkung auf Goethe während seiner Leipziger Jahre spätestens seit den Überlegungen bei Hofe, sie nach Weimar zu holen, aus Goethes eigenen Erzählungen oder aus denen Wielands und Bertuchs gekannt haben wird, schrieb sie sofort zurück. Ihr Brief ist wie die meisten ihrer Briefe vernichtet, doch er scheint giftig gewesen zu sein, wie aus Goethes Antwort zu schließen ist. Sie sah sich zurückgesetzt, ängstigte sich, verglichen mit Corona Schröter zu verlieren. 31. März 1776, Goethe an Frau von Stein: »Liebe Frau. Ihr Brief hat mich doch ein wenig gedrückt. Wenn ich nur den tiefen Unglauben Ihrer Seele an sich selbst begreifen könnte, Ihrer Seele, an die Tausende glauben sollten, um selig zu werden.« Er komme bald zurück, noch aber könne er nicht von der Schröter weg, schloß Goethe den Brief, in dem er sich fragte, was das Schicksal mit ihm vorhabe. »Wieviel Dinge ließ es mich nicht auf dieser Reise in bestimmtester Klarheit sehn! Es ist, als wenn diese Reise sollt mit meinem vergangenem Leben saldieren. Und gleich knüpft's wieder neu an.«

Goethes Weimarer Liebeleien mit einfachen Mädchen hatten Charlotte von Stein nicht wirklich gestört. Sie standen zu weit unter ihr. Sich mit ihnen ganz nebenbei einzulassen, war üblich und kaum der Rede wert – der Herzog steckte seine Bankerten kurzerhand zu den Jägern –, bei Corona Schröter aber wurde sie hellhörig. Mehr noch: Sie wurde eifersüchtig, und das war ganz in Goethes Sinn, denn noch hatte er den Gedanken an Charlotte von Stein nicht aufgegeben, und wie von ihm beabsichtigt, sah sie in Corona Schröter eine ernstzunehmende Bedrohung ihrer aufkeimenden Liebe zu Goethe, obwohl oder gerade weil Charlotte von Stein sich im Frühjahr 1776 ihrer Gefühle für ihn noch nicht sicher war. Eine neue Liebe des leicht entflammbaren Goethe aber hätte ihr eben erst begonnenes, aufregenderes Leben wieder beendet. Goethe hatte Erfolg: Nachdem er Corona Schröter wiedergesehen hatte, kam ihm Charlotte von Stein weiter als bisher entgegen. Goethes Briefe aus Leipzig jedoch allein mit dessen Absicht zu erklären, Charlotte von Steins Eifersucht zu wecken, genügt nicht.

Corona Schröter hatte Goethe wie so viele vor und nach ihm in ihren Bann gezogen. »Corona Schröter«, schrieb Johann Daniel Falk über sie in seiner *Erinnerung*, »war gewiß eine der seltensten und anziehendsten weiblichen Erscheinungen.« Corona Schröter wirkte auf Goethe, wie sie schon vor Jahren auf ihn gewirkt hatte: begehrenswert. Von nun an stand Goethe zwischen zwei Frauen, denn anders als Charlotte von Stein war Corona Schröter ungebunden.

Goethe verließ Leipzig am 3. April 1776, ob bereits mit der Zusage Corona Schröters, nach Weimar zu gehen, ist nicht bekannt, doch zumindest war er zuversichtlich. Goethe an Steinauer im April 1776: »Für der Schrötern Schicksal ist mir's nicht bange, es ist mit dem meinen verbunden.« Am 4. April kam Goethe nach Weimar zurück, am 6. April schrieb er Oeser, er habe Leipzig, das ihn Tage zuvor noch abgeschreckt hatte, nur ungern verlassen. Den Sommer 1776 verbrachte er mit Charlotte von Stein. Goethe wohnte in seinem Gartenhaus an der Ilm, das ihm der Herzog geschenkt hatte, und Charlotte von Stein besaß einen Schlüssel für das Gatter, mit dem Goethe den Steg über die Ilm versperrte, um in Ruhe schreiben und arbeiten zu können. Er brauchte die Abgeschiedenheit, er war ernsthaft beschäftigt, denn gegen den erbitterten Widerstand des Adels hatte der Herzog Goethe am 11. Juni 1776 mit ausdrücklicher Zustimmung Anna Amalias zum Legationsrat im Geheimen Conseil ernannt, das die Politik des Landes entschied. Mit seinem Aufstieg gehörte Goethe endgültig Weimars führender Schicht an, er legte das Wilde und Schroffe der ersten Weimarer Monate ab, wurde gesetzter und damit für Charlotte von Stein immer annehmbarer. Ihre unerfüllte Liebe zueinander wurde jedoch abermals durch Corona Schröter getrübt.

Nach ihrem Wiedersehen in Leipzig waren Goethe und Corona Schröter in Verbindung geblieben, wie ein Brief Goethes an Steinauer Anfang Mai 1776 und Goethes Tagebucheintragungen vom

12. und 15. September 1776 zeigen. Im Oktober bat er Steinauer, ihm doch ein Wort von Corona Schröter, vom »Grasaffen«, zu sagen. Die Verhandlungen über ihr Engagement zogen sich im Sommer 1776 über mehrere Monate hin. Ehe Corona Schröter aber nach Weimar ging, erfüllte sie zunächst ihren Vertrag beim Großen Konzert, der vermutlich am 29. September, zu Michaelis, auslief. Ob Corona Schröter weitere Angebote hatte, wie Friedrich Wilhelm Gotter in einem Brief vom 5. März 1785 an den Intendanten des Mannheimer Theaters, Reichsfreiherr Wolfgang Heribert von Dalberg, behauptete, ist nicht nachweisbar. Spätestens am 16. November 1776 jedoch traf sie in Weimar ein, denn Goethes Tagebucheintrag zu diesem Tag lautete: »Nachts Corone!« Goethe hatte ihr eine Wohnung im Haus des mittlerweile verheirateten Friedrich Justin Bertuch vermittelt, später zog sie vermutlich, wie schon in Leipzig, vor die Stadt, dann in das Haus des Kaufmanns Henniger am Marktplatz. In der Woche nach ihrer Ankunft sang Corona Schröter am 24. November zum erstenmal bei Hofe. Sie lebte sich ein, Goethe sah sie indes nicht. Vom 2. Dezember an war er über Leipzig nach Wörlitz zur Jagd gereist, anschließend nach Leipzig und am 21. Dezember nach Weimar zurückgekehrt. Charlotte von Stein erwartete ihn ungehalten. Abends noch traf er sich mit ihr, am andern Tag aßen sie zusammen, abends ging Goethe ins Konzert, in dem Corona Schröter sang. Am 24. Dezember besuchte er Charlotte von Stein noch einmal. Im Tagebuch hielt er fest: »Druck, Wehmut und Glauben.« Seine Stimmung hellte sich auch nach einem weiteren Besuch bei der Stein am 25. Dezember, ihrem Geburtstag, nicht auf. »Viel gelitten.« Ob er nur daran litt, daß Charlotte von Stein die Weihnachtstage ganz ihrer Familie widmete und er sich ausgeschlossen fühlte, ist aus dem Tagebuch nicht zu ersehen. Wahrscheinlicher ist jedoch, daß Charlotte von Steins Eifersucht auf Corona Schröter mit deren Ankunft in Weimar wieder aufgekeimt war. In den folgenden Wochen sah Goethe Charlotte

von Stein kaum. Am 7. Januar tanzte er mit ihr und schrieb »traurig« ins Tagebuch, am 11. Januar aß er bei ihr. Sein Eintrag ins Tagebuch: »Umhergewandelt Scheiß weh.«

Ganz anders dagegen die Tagebucheinträge zu Corona Schröter. Am 27. Dezember nahm sie erstmals an einer Redoute, einem Maskenball, teil. Goethe: »Crone sehr schön.« Am 1. Januar abends ging er mit ihr aus, am 2. Januar besuchte er sie und trug »Cr. nachts fieberhaft« ein, am 6. Januar unternahm er mit ihr eine Fahrt nach Tiefurt, er neckte sie und kehrte abends, wie er schrieb, vergnügt zurück, hielt danach noch Probe zu *Erwin und Elmire* und blieb bei Corona Schröter. »Bis 10 bei Kronen. Nicht geschlafen. Herzklopfen und fliegende Hitze.«

Louise Caroline Sophie Seidler: Corona Schröter, nach 1823

Gedrückte Stimmung bei Charlotte von Stein, gehobene bei Corona Schröter – am 13. Januar 1776 brach der schwelende Streit zwischen Goethe und Charlotte von Stein bei einem gemeinsamen Mittagessen mit ihr und dem Herzog offen aus. Goethe hatte Corona Schröter mitgebracht. Ein Fehler. Der Versuch, Charlotte von Stein mit Corona Schröter zu befreunden, scheiterte. Der Streit entzündete sich an der Malerei Raffaels, aber er ging unausgesprochen um die Schröter. Zwei Tage später besuchte Goethe Charlotte von Stein, um eine Versöhnung herbeizuführen, doch umsonst. 15. Januar 1777: »Neuer Streit«. Auch ein zweiter Anlauf, am 17. Januar, war vergeblich. Er war, wie Goethe festhielt, ins Wasser gefallen.

Die angestrebte Versöhnung ließ zwar nicht lange auf sich warten, aber Goethe war durch das beständige Werben um die für ihn unerreichbare Charlotte von Stein mürbe geworden. So sehr er sich auch die kommenden Jahre um sie bemühte, so sehr sie beide immer wieder den Ausgleich miteinander suchten, da sie einander brauchten – in Corona Schröter fand Goethe, was ihm Charlotte von Stein weder bieten konnte noch durfte: unbelastete, unbeschwerte Heiterkeit, Nähe, Berührungen, Sinnlichkeit im Alltag wie auf der Bühne, auf der sie beide spielten. Goethes Leben galt der Kunst, Corona Schröters Leben galt der Kunst. Ein starkes Band.

Als Sängerin war Corona Schröter bereits in den Konzerten vor Weihnachten aufgetreten, als Schauspielerin stand sie erstmals am 9. Januar 1777 auf der Bühne. Sie spielte die Sophie in Goethes Lustspiel *Die Mitschuldigen*, Goethe selbst spielte den Alcest, doch die Aufführung mißfiel ihm, so das Tagebuch. »Die Mitschuldigen, schlecht gespielt.« Am 30. Januar traten Corona Schröter und Goethe wieder zusammen auf. Sie als Sonna, er als Verazio in seinem Singspiel *Lila*. Die Musik dazu hatte Carl Siegmund von Seckendorff geschrieben. Am 1. März gab die Schröter Goethes Elmire. Die Musik stammte diesmal von Herzogin Anna Amalia.

Erwin und Elmire war zwar bereits im Frühjahr 1776 schon einmal aufgeführt worden, doch Goethe hatte das Singspiel für Corona Schröter um drei Arien und ein Quartett erweitert. Der Weimarer Hofkapellmeister Ernst Wilhelm Wolf: »Mademoiselle Schröter als Elmire tut Wunder, meine Frau als Olympia ist auch nicht auf den Kopf gefallen.« Maria Caroline Wolf, die Tochter Franz Bendas, gehörte als Sängerin neben Friederike Steingardt und Maria Salome Philippine Neuhauß zur Hofkapelle. Einziger Sänger war der Tanzmeister Johann Adam Aulhorn als Bassist.

Corona Schröter und Goethe spielten zusammen, sahen sich bei Proben, den Aufführungen und bei den Konzerten. Auf den Maskenbällen war Corona Schröter begehrt. »Goethe pflegte sehr oft in dem geschmackvollsten Theateranzug zu erscheinen und machte sich durch seine majestätische Gestalt, zugleich aber auch durch seine steife Haltung bemerkbar«, so Karl Wilhelm Friedrich von Lyncker, »auch er tanzte sehr oft mit der Corona.« Goethe am 1. Februar 1777: »Nach der Redoute. Phantasie! Herzklopfen.« Am 15. Februar besuchte sie ihn mit Wilhelmine Probst, die zu ihr nach Weimar gezogen war, zum erstenmal in seinem Gartenhaus. Goethe und Corona Schröter waren miteinander vertraut geworden, und wie Goethe in den Winterwochen Anfang 1777 zu Corona Schröter stand, unterstreicht ein Tagebucheintrag vom 8. Februar. Bei einem Besuch einer ungenannten Dame traf Goethe Corona Schröter – und den Herzog. Corona Schröter saß an diesem Abend ohne ihre Anstandsdame Wilhelmine Probst mit dem Herzog zusammen. Für Goethe war das eindeutig genug. Er vermerkte, er habe beide »ertappt«. Am Tag darauf stellte er den verheirateten Herzog zur Rede: »Ausgemacht das Benehmen.« War Charlotte von Stein eifersüchtig auf Corona Schröter, so nun Goethe auf den Herzog, und da sich Goethe zurückgesetzt sah, wandte er sich von Corona Schröter ab und Charlotte von Stein zu. Am 11. Februar aß er mit ihr. »Glücklicher Abend.« Goethe,

Charlotte von Stein, der Herzog, Corona Schröter – die Stimmung begann sich aufzuheizen.

»Ging zu Cronen kriegte Picks und ging nach Hause« – »Zu Cronen Essen, besuchten mich im Regen, ich begleitete sie wieder und blieb abends« – »Crone früh und zu Tisch da«: Goethe und Corona Schröter sahen sich vom Frühjahr 1777 an häufiger, und Goethe schwankte nun beständig zwischen Charlotte von Stein und Corona Schröter. Mal zeichnete er die Stein, mal besuchte er die Schröter, mal fuhr er mit der einen aus, mal traf er sich mit der anderen. Zwei Frauen – keine Geliebte. Goethe versuchte sich abzulenken. »Nachts gebadet.« – »Körperliche Übungen allerlei Art.« – »Abends Schwimmwams probiert.« Beide noch einmal zusammenzubringen, vermied Goethe seit dem Streit im Januar, statt dessen scheint er günstige Gelegenheiten genutzt zu haben, Corona Schröter ohne Wissen der Stein zu sehen. Bezeichnend dafür war Charlotte von Steins Reise nach Kalbsrieth vom 6. bis zum 9. Mai 1777. Goethe, Tagebuch, 8. Mai: »Crone den ganzen Tag im Garten.« Ganz verbergen aber konnte er seine Gefühle für Corona Schröter vor Charlotte von Stein nicht, und Charlotte von Stein war von Anfang an alles andere als ahnungslos. Sie machte ihm Vorwürfe, denn auch seine Briefe und Zettel an sie wurden kühler. Losreißen aber konnte und wollte sich Goethe nicht. Charlotte von Stein war ihm viel zu wichtig.

Und Corona Schröter? Was fühlte sie? Nichts ist darüber bekannt. Was bekannt ist: Am 30. Januar 1778 sang und spielte sie in Goethes Monodram *Proserpina*, das bei der Uraufführung *Die geflickte Braut* hieß, in einer Voraufführung zum Geburtstag der Herzogin Louise auf der Saalbühne von Schloß Ettersburg und im dazugehörigen Rahmenspiel, der »dramatischen Grille« *Der Triumph der Empfindsamkeit* wiederum mit ihm zusammen. Darüber hinaus ist aus Corona Schröters Leben vom Sommer 1777 bis Sommer 1778 nur wenig überliefert. Die erste Aufregung nach ihrem Eintreffen in Weimar scheint sich jedoch gelegt zu haben. Goethes Tagebuchaufzeichnungen zu Corona Schröter sind in ihrem zweiten Weimarer Jahr nicht ergiebig. Sie besuchte ihn, manchmal mehrmals am Tag, sie gingen miteinander spazieren, ritten gemeinsam aus. Einmal begleitete sie ihn zu Pferd bis Kleinhettstedt vor Stadtilm. Goethe brachte ihr vermutlich das Schlittschuhlaufen bei. War Charlotte von Stein auf ihrem Gut Kochberg oder auf Reisen, sah Goethe Corona Schröter häufiger als sonst. Bei einem der Besuche, vermutlich am 19. Juli 1777, zeichnete Goethe die im Garten schlafende Corona Schröter. In seinem Garten zu schlafen, erweist ihr Zutrauen zu ihm überdeutlich, so wie die Zeichnung Goethes Zärtlichkeit für sie zeigt. Sie gilt als eines seiner überzeugendsten Porträts. Goethe am 13. März 1778: »Nachts zu Cr. War in schönem bestätigtem Wesen.« Zwei Tage später, am 15. März, deutet das Tagebuch eine Verstimmung mit Charlotte von Stein an: »Lebhaftes Gespräch. Seltsame Gärung in mir.« Viel mehr aber ist aus dieser Zeit nicht zu erfahren. Allein ein Brief Wielands vom 3. Juni 1778 beschreibt Corona Schröter. Wieland hatte die verführerisch gekleidete Corona Schröter und Goethe bei der eben angelegten Grotte im Park an der Ilm getroffen, in der Goethe und der Herzog, wie Wieland schrieb, Abende mit der einen oder der andern Göttin oder vielmehr Halbgöttin verbrachten. »Bei dem Grottenwesen«, so Wieland, »trafen wir Goethen in Gesellschaft der schönen Schröterin an, die in der unendlich edlen attischen Eleganz ihrer ganzen Gestalt und in ihrem ganz simpeln und doch unendlich raffinierten und insidiosen Anzug wie die Nymphe dieser anmutigen Felsengegend aussah. Wir hießen einander also auch willkommen, und Goethe war zwar simpel und gut, aber äußerst trocken, und verschlossen.« Ertappt. Goethe war verärgert. Goethe sei, so Wieland weiter, seit längerem in schlechter Laune.

Am 20. Oktober 1778 trat Corona Schröter als Lucinde in Molières *Arzt wider Willen* auf, den Einsiedel übersetzt hatte. Corona Schröter: Lucinde. Goethe: Lucas. Als zweites Stück des Tages wurde Goethes Knittelversspiel *Das Jahrmarktsfest zu Plundersweilern* gegeben. Der halbe Hof, so Wieland, und ein Gutteil der Stadt spielte mit, und selbst Wilhelmine Probst, die Wieland in Anspielung auf seine *Geschichte des Agathon* als Corona Schröters dicke Cypassis bezeichnete, tat mit. Sie spielte die Amme Jakobine. Nebenbei: In Ovids *Amores* ist Cypassis die Dienerin Corinnas, die mit einem Verehrer ihrer Herrin eine Liebschaft beginnt. Wieland schloß seine Schilderung Corona Schröters im Brief vom 3. Juni 1778 mit der Anmerkung, daß Wilhelmine Probst ihr als Folie diene, und meinte damit wohl, daß Corona Schröter neben der unscheinbaren Wilhelmine Probst noch glänzender wirkte. Corona Schröter war eitel, und mit Grund. Der Schriftsteller Johann Anton Leisewitz am 14. August 1780: »Ich wüßte sehr wenig Frauenzimmer, die mir so gefallen hätten als diese Sängerin.« Bis in ihre letzten Lebensjahre rief ihr Aussehen den Neid der Damen genauso wie die Bewunderung der Herren des Hofs hervor.

Wilhelmine Probsts dauernde Anwesenheit bei Corona Schröter half der Sängerin aber vor allem dabei, Zudringlichkeiten zu verhindern, denn Corona Schröter hatte ihre Vorsicht gegenüber stürmischen Bewunderern auch in Weimar nicht abgelegt. »Die Männer, sagt Mlle. Schröter, suchen doch zuerst die Schönheit an der Frau, oder vielmehr an den Frauen. Denn an einer genügts nie«, hielt Karl August Böttiger in seinen Aufzeichnungen von Gesprächen und Begegnungen in Weimar, *Literarische Zustände und Zeitgenossen*, noch wenige Jahre vor Corona Schröters Tod unter dem 22. Januar 1799 fest. Corona Schröter wurde als stolz und widerstrebend beschrieben, galt als kühl und distanziert. Ein Hinweis dazu findet sich im *Jahrmarktsfest zu Plundersweilern*. Goethe schrieb für Corona Schröter in der Rolle der Tirolerin:

Nicht immer gleich
Ist ein galantes Mädchen,
Ihr Herrn, für euch;
Nimmt sich der gute Freund zu viel heraus,
Gleich ist die Schneck' in ihrem Haus.

Hielt sie auch Goethe auf Abstand? Wie weit beider Verhältnis zueinander ging, kann nur vermutet werden. Alle Aufzeichnungen dazu fehlen. Alle, bis auf eine. Friedrich Wilhelm Riemer, Goethes Gehilfe und Vertrauter, sprach in einer Anmerkung seiner *Mittheilungen über Goethe* aus, was sonst auffallend verschwiegen wurde. Goethe habe, so Riemer überaus vorsichtig, zu Corona Schröter ein leidenschaftlicheres Verhältnis als zu Charlotte von Stein gehabt. Noch leidenschaftlicher?

Die Beschreibung ihres eigenen Lebens, die Auskunft über Corona Schröter und Goethe geben könnte, hat Corona Schröter laut dessen Tagebuch Ende Dezember 1778 Goethe übergeben. »Kriegte die Lebensbeschr. von Kr.« Seitdem sind ihre Memoiren verschwunden. Anfang 1779 aber wirft Goethe selbst ein grelles Licht auf seine Gefühle für sie. Im Tagebuch hielt er am 10. Januar 1779 eine »radikale Erklärung« mit dem Herzog über Corona Schröter fest. Was war geschehen? Goethe war im Konzert gewesen, Corona Schröter hatte gesungen, danach stellte er den Herzog zur Rede wie schon einmal zwei Jahre zuvor. Seit ihrem Eintreffen in Weimar hatte der Herzog ein Auge auf Corona Schröter geworfen. An diesem Abend jedoch muß Goethe endgültig klar geworden sein, daß der Herzog Corona Schröter noch immer nachstellte und der damalige Streit den Herzog nicht völlig von ihr abgebracht hatte. Den Verdacht hegte er schon lange. Die Mätresse des Herzogs aber, wie später die Schauspielerin Caroline Jagemann, wollte sie von Anfang an nicht werden, so sehr sich Carl August von Sachsen-Weimar auch darum bemühte. Sie hatte aus Leipzig gelernt. Brüsk zurückweisen konnte sie ihn indes nicht, immerhin war er der Herzog. Karl August Böttiger über Corona Schröter bald nach ihrer Ankunft in Weimar: »Bei der Bertuch war fast täglich die Zusammenkunft des Herzogs mit ihr. Die ganze Stadt glaubte, B mache den Kuppler des Herzogs, u. doch war er so unschuldig, daß er sich endlich, als die Bertuch durch Minen die Schröter von allen fernern Besuchen zurückgescheucht hatte, den Unwillen des Herzogs zuzog, der viele Wochen nichts als Ja! und Nein! zu Bertuch sagte u. sehr empfindlich beleidigt zu sein schien.« Friederike Bertuch war damals eingeschritten, sie duldete bei sich kein Stelldichein mehr, und auch weitere Mühen des Herzogs blieben fruchtlos. Ganz aufgegeben hatte der Herzog sie dennoch nicht, wie der erneute Streit Goethes mit ihm zeigt. Außer Goethe aber scheint niemand das Verhalten des Herzogs gestört zu haben. Die Ehe des Herzogs war unglücklich, eine Verbindung mit einer Bürgerlichen nichts Besonderes. Im Gegenteil: »Corona ist dem Herzog sehr nützlich«, schrieb die Gräfin Werther-Neunheiligen noch am 10. März 1781, »und würde es noch mehr sein, wenn die Knoten in dem Strange seines Wesens nicht eine ruhige, gleiche Aufwicklung des Fadens hinderten.« Der Hof versprach sich offenbar einen ähnlich mäßigenden Einfluß der Schröter auf den Herzog wie den Charlotte von Steins auf Goethe.

Zwei Jahre hatte Goethe bis zu jenem Abend seinen Verdacht für sich behalten und geschwiegen, am 10. Januar aber wollte er Gewißheit. Freund oder nicht, der Streit war ein Eklat, der Goethes Stellung in Weimar gefährdete. Darauf aber nahm er im Zorn keine Rücksicht. Goethe über den Herzog und Corona Schröter: »Meine Vermutungen von bisher teils bestätigt, teils vernichtet.« Bestätigt hatte sich sein Verdacht, daß der Herzog Corona Schröter unverändert für sich wollte, vernichtet aber war seine Befürchtung, daß sie insgeheim bereits dessen Geliebte geworden war, und auch eine Bemerkung des Herzogs belegt die Abfuhr, die er sich bei Corona Schröter holte. Er fand, wie er sagte, Corona Schröter marmorschön, doch marmorkalt, und tröstete sich rasch.

Goethes Tagebuch zufolge mieden sie sich nach dem Zwischenfall beinahe sechs Wochen lang, dann tat Corona Schröter den ersten Schritt. Für den 25. Februar 1779 vermerkte Goethe einen Besuch der Schröter, die sich von ihm Bücher lieh. Goethe brauchte den Abstand dieser sechs Wochen, um nachzudenken, denn der Vorfall vom Januar 1779 hatte seine Beziehung zu ihr verändert. Er war ein erster Einschnitt in ihrem engen Verhältnis. Goethe war klar geworden, daß ihm Weimar, sein Amt, der Herzog, die Stein wichtiger waren als Corona Schröter. Noch hoffte er, doch die Ahnung eines trüben Endes ist bereits im Tagebucheintrag vom 10. Januar 1779 enthalten. »Endet's gut für uns alle, Ihr, die Ihr uns am Gängelbande führt«, schrieb Goethe mit Blick auf den Herzog, von dem er abhängig war. Zunächst aber entspannte sich die Lage wieder. Die Proben zu Goethes *Iphigenie auf Tauris* führten beide wieder näher zueinander.

Ab wann sich Goethe mit der *Iphigenie auf Tauris* beschäftigte, ist nicht geklärt, vermutlich aber seit dem Frühjahr 1776. Ob Goethe beim Schreiben Charlotte von Stein oder Corona Schröter als Iphigenie vor Augen stand, ist umstritten. Wahrscheinlich beide. »Sie schrieb nicht selbst«, galt zumindest für Corona Schröter nach Falks *Erinnerung*, »aber ein Gespräch mit ihr mußte jeden Schriftsteller von Beruf ermuntern. Es lohnte sich der Mühe, für ein Publikum zu schreiben, wo man auf solche Leserinnen zählen konnte.« Johann Daniel Falk und ebenso Johann Friedrich Reichardt in seinen Erinnerungen ließen keinen Zweifel aufkommen – Reichardt: »Die *Iphigenia* ward für die edle Corona gedichtet« – und auch der anonyme Verfasser der *Biographischen Nachricht* in der *Allgemeinen Musikalischen Zeitung* von 1803 ist sich sicher, daß *Iphigenie* allein für Corona Schröter geschrieben wurde. Über Corona Schröter nach ihrer Ankunft in Weimar schrieb er:

»Hier war sie jener denn doch untergeordneten Situation enthoben; hier fand sie Achtung und aufmunternde Güte bei der kunstliebenden herzoglichen Familie, Freundschaft und Leitung bei verschiednen der größten Dichter der Nation: hier regte sich freier, was ihr die Natur als Tonkünstlerin verliehen hatte; hier entwickelte sich endlich mit bewundernswürdiger Schnelligkeit ihr bis dahin schlummerndes, noch ausgezeichneteres Talent für die Schauspielkunst. Letzteres zu würdigen, wird es genug sein, wenn ich wiederhole, daß Goethe zunächst für sie seine *Iphigenia* schrieb.« Goethe hatte mit der Niederschrift am 14. Februar 1779 begonnen. Bereits am 14. März fing mit der Abschrift der Rollen die Vorbereitung der Aufführung durch das Weimarer Liebhabertheater an, die Proben wurden anberaumt. Am 19. März 1779 schrieb Goethe den vierten Akt auf dem Schwalbenstein nahe Ilmenau, am 28. März 1779 beendete er die Prosafassung der *Iphigenie.* Die Uraufführung erfolgte am 6. April 1779, am Tag nach Ostermontag, im Redoutensaal des Hauses des Hofjägers Anton Hauptmann. Sie gilt als Höhepunkt von Corona Schröters Weimarer Bühnenzeit, und *Iphigenie auf Tauris* als Inbegriff des Dramas der frühen Weimarer Klassik. Der Maler Georg Melchior Kraus hielt eine Szene daraus in Öl auf Leinwand fest: Goethe als Orest, Corona Schröter als Iphigenie. Die Szene zeigt wahrscheinlich den 1. Auftritt des 3. Akts. Die Zeile dazu lautet in der späteren Versfassung der *Iphigenie* von 1786: »Entferne deinen Arm von meiner Brust.«

Goethes und Corona Schröters Wirkung auf die damaligen Zuschauer war überwältigend. So schrieb die Hofdame Anna Amalias, Luise von Göchhausen, an Goethes Mutter, er habe seinen Orest meisterhaft gespielt, und Goethes späterer Arzt, Christian Wilhelm Hufeland, vermerkte in seinen Erinnerungen, nie werde er den Eindruck vergessen, den Goethe als Orest im griechischen Kostüm auf ihn machte: Ein wahrer Apoll. Von Corona Schröters Auftritt schwärmte dagegen Johann Daniel Falk noch viele Jahre später, 1803, in seinen *Kleinen Abhandlungen die Poesie und Kunst betreffend:* »Mit Wehmut erinnern sich bei diesem Anlaß ältere und jüngere Kunstfreunde in Weimar, jene aus Anschauung, diese aus Tradition, des schön gemäßigten Spiels einer Corona Schröter, für die Goethe ursprünglich seine *Iphigenie* schrieb und der er in seinen Schriften, in der Elegie auf *Miedings Tod*, ein so unvergängliches Denkmal gesetzt hat. Das Junonische ihrer Gestalt, Majestät in Anstand, Wuchs und Gebärden, nebst so vielen andern seltenen Vorzügen der ernsteren Grazie, die sich in ihr vereinigten, hatten sie, wie es schien, vor vielen andern, zu einer Priesterin Dianens berufen und geeignet; und in der Tat ist sie auch immer ihrem Dienst getreu geblieben!« In seiner *Erinnerung an Corona Schröter* aus dem Jahr 1807 ergänzte Falk: »Wie sie war, schien sie übrigens ganz dazu geschaffen, den Dichter zu dem reinen Ideal einer jungfräulichen Priesterin der Diane oder zu einer Iphigenie zu begeistern. Die, welche sie in dieser Rolle gesehen, sprechen noch immer mit Entzücken von ihrer Darstellung. Doch auch in den leichtern und munteren Gattungen, in den Waldkomödien zu Ettersburg, wo der Wald das Theater, ein hohler Baum den Souffleurkasten und die Gesträuche die Kulissen vorstellten, behauptete sich ihr Verdienst. Hier wurde unter Goethes Direktion oft an demselben Tage, wenn der Hof herauskam, ein Stück angesagt, eingelernt und aufgeführt. Ein Arlekin, eine Art lustiger Bauer und Baßgeiger, der noch lebt, ging im Dorf herum, um die Honoratioren desselben dazu einzuladen. Eins von diesen fröhlichen Produkten, die man zu Ettersburg im Walde oder auch im Schloß gab, die *Vögel* des Aristophanes, sind auch im Druck erschienen. *Die Zigeuner* waren ein anderes Stück, wo der Stoff an sich schon den Wald zur Bedingung machte.« Für ihr Kleid, das sie statt des üblichen Reifrocks getragen hatte, verbuchte die herzogliche Schatulle 36 Taler für 30 Ellen weiße Leinwand, 11 Ellen weißen Tafts und 50 Ellen weißen Milchflors. An das griechische Kostüm,

Georg Melchior Kraus: Szenendarstellung zu *Die Fischerin*, undatiert

das sie getragen hatte, lehnte Corona Schröter seit der *Iphigenie auf Tauris* auch ihre Alltagskleider an. Johann Wolfgang Goethe allerdings war mit seinem Stück nicht zufrieden. Jahre später schuf er auf seiner Italienischen Reise aus der Prosafassung von 1779 die weitaus bekanntere Versfassung der *Iphigenie auf Tauris*. Die Aufführung selbst hingegen hatte ihm gefallen, und noch im Juli 1809, sieben Jahre nach Corona Schröters Tod, als Goethe gefragt wurde, ob er denn nicht mehr Stücke in dieser Art schreiben wolle, antwortete er nach Falks Erinnerung: könnten ihm fünfunddreißig Jahre und die Liebe zu Corona Schröter wiedergegeben werden, so könne auch von einer neuen *Iphigenie* die Rede sein. »In Ermangelung alles dessen reduziert sich diese Forderung nur auf eine nichtige, unverständliche Zumuterei.« Corona Schröter hatte Goethe beeindruckt, und sie beeindruckte weiter.

Am 20. Mai 1779 spielte sie zusammen mit Goethe auf Schloß Ettersburg in dessen Schäferspiel *Die Laune der Verliebten* die Egle, und wenige Wochen darauf, am 17. Juni 1779, ebenfalls in Ettersburg, seine *Proserpina*, die er vermutlich ebenfalls eigens für sie geschrieben hatte. Am 20. Juli hatte Goethe noch im Tagebuch festgehalten: »Crone die L. und P. Waren die Affen sehr närrisch« und am 21. August an die abwesende Charlotte von Stein geschrieben: »in mein Haus kommt nun gar kein Mensch, außer dem schönen Misel, wir sind gar artig zusammen, denn wir sind in gleichem Falle, mir ist mein Liebstes verreist, und ihr fürstlicher Freund hat andre Wege gefunden«, doch so oft sie auch miteinander probten, sich trafen, auf der Bühne standen – Goethes Leidenschaft für Corona Schröter war im Laufe des Jahres 1779 erkaltet. Der Anfang des Jahres durch den Streit mit dem Herzog aufgebrochene Spalt zwischen ihr und Goethe war Ende des Jahres zur Kluft geworden, die Goethe nicht mehr überbrückte. Daß er Corona Schröter nun auch, wie seine beliebigen Abenteuer nach seiner Ankunft in Weimar, als Misel bezeichnete, ist ein Hinweis darauf. Im Sommer 1779 aber hoffte er noch, wie das Tagebuch andeutet. »Auch dünkt mich, sei mein Stand mit Cronen fester und besser«, schrieb er am 13. Juli und »mit Cr. gut gelebt und einiges mit Liebe gezeichnet« in der Woche vom 15. bis zum 21. August 1779, »wenn's nur anhielte.« Goethe am 30. August: »Mittags Cr. Abends gingen wir nach Belv. War ein überschöner Abend und Nacht.« Doch es hielt nicht an. Das darauffolgende Jahr 1780 brachte die Entscheidung für die Stein und gegen die Schröter.

Im September 1779 war Goethe in die Schweiz gereist und am 14. Januar 1780 zurückgekehrt. Der Abstand, den die Reise brachte, brachte auch die Entscheidung. Goethe hatte sich verändert, und Corona Schröter war ungehalten, weil er sie erst eine Woche nach seiner Rückkehr besuchte. Sein Tagebuch am 20. Januar: »Zu Cr. Essen. Sie drückt mich durch eine unbehagliche Unzufriedenheit, ich ward sehr traurig bei Tisch.« Anfang Februar verstanden sie sich dann wieder besser. 9. Februar: »Crone zu Tisch bei mir, waren sehr lustig.« Er traf sich weiter mit ihr, ging mit ihr durch das Webicht bei Weimar spazieren, aß mit ihr, doch das Tagebuch für das Frühjahr 1780 strotzt vor Einträgen, die Charlotte von Stein gelten. Am 30. März vermerkte Goethe in einem Brief an Charlotte von Stein noch einmal einen Abend mit Corona Schröter: »Gestern Abend hat mich das schöne Misel, gleich einem Kometen, aus meiner gewöhnlichen Bahn mit sich nach Hause gezogen. Es war viel übler Humor in der Probe. Besonders der Autor und die Heldin schienen zusammen nicht zufrieden zu sein. Ich habe den äolischen Schlauch der Leidenschaften halb geöffnet, und einige herauspiepsen lassen, die stärksten aber zur Aufführung bewahrt.« Die Probe galt Seckendorffs Tragödie *Robert und Kalliste*. Bezeichnenderweise nannte Goethe in diesem und in weiteren Briefen an Charlotte von Stein, so am 4. März und am 13. Mai, Corona Schröter erneut nur Misel, wie seine Liebschaften der ersten Weimarer Tage. Ein klares Zeichen an die Stein. Der entscheidende Eintrag ins Tagebuch folgte dann aber unter dem 1. April 1780. Den Tag hatte er mit Corona Schröter verbracht, ihr aus seinen Aufzeichnungen der Schweizreise vorgelesen. Der Herzog kam dazu, sie verbrachten den Abend gemeinsam. Das Tagebuch: »Da wir alle nicht mehr verliebt sind und die Lava Oberfläche verkühlt ist, ging's recht munter und artig, nur in die Ritzen darf man noch nicht visitieren. Da brennt's noch.« Goethe hatte Corona Schröter zugunsten der Stein aufgegeben, obwohl das alte Feuer noch in ihm glühte, der Herzog sich ein Jahr zuvor schon von ihr abgewandt hatte. Goethes Verhältnis zu Charlotte von Stein prägte von 1780 an die Jahre bis zu seiner Italienischen Reise 1786, die, wie die Schweizreise bei Corona Schröter, zum Bruch mit Charlotte von Stein führte.

Seinen Schlußstrich unter Corona Schröter zog Goethe im Frühjahr 1780. Sein einziger Brief an sie ist undatiert, sein Inhalt aber spricht dafür, daß er zu dieser Zeit geschrieben wurde. Es ist ein Scheidebrief. »Wie oft habe ich nach der Feder gegriffen, mich mit Dir zu erklären! Wie oft hat mir's auf den Lippen geschwebt. Ich habe groß Unrecht, daß ich es solang habe hängen lassen, und kann mich nicht entschuldigen, ohne an Saiten zu rühren, die zwischen uns nicht mehr klingen müssen. Wollte Gott, Du mögest ohne Erklärung Friede machen und mir verzeihen. Mein Zutrauen hast Du wieder, meine Freundschaft hast Du nie verloren, auch jenes nicht. Bin ich irre geworden; so war's so menschlich. Aber darin hab ich am meisten gegen Dich gefehlt, daß ich Dich die letzte Zeit nicht mit einer eifrigen Erklärung beruhigte. Ich will nicht anführen, was mich entschuldigen könnte, vergib mir, ich habe Dir ja auch vergeben, und laß uns freundlich zusammenleben. Das Vergangne können wir nicht zurückrufen, über die Zukunft sind wir eher Meister, wenn wir klug und gut sind. Ich habe keinen Argwohn mehr gegen Dich, stoß mich nicht zurück und verdirb mir nicht die Stunden, die ich mit Dir zubringen kann, denn so muß ich Dich freilich vermeiden. Noch einmal verzeih mir! Mehr kann ich nicht sagen, ohne Dich aufs neue zu kränken. Mein Herz ist gegen Dich gesinnt, wie Du es wünschen kannst, nimm es so an. Verlangst Du mehr, so bin ich auch bereit, Dir alles zu sagen. Adieu! Möge doch das so lange schwebende Verhältnis endlich fest werden. G. Danke für Kuchen und Lied, und schicke dagegen einen bunten Vogel.« Das Verhältnis wurde fest: es begann zu erstarren.

Wie Corona Schröter Goethes zunehmende Entfernung zu ihr aufnahm, ist nicht bekannt. Unter dem 14. Oktober 1780 trug Goethe ins Tagebuch ein: »Cronen getröstet.« Für die Jahre nach 1780 gehen Tagebucheinträge Goethes zu Corona Schröter, die weiteren Aufschluß geben könnten, deutlich zurück. Berichte ihrer Freunde und Bekannten über Corona Schröter sind in den folgenden Jahren spärlich und beziehen sich meist nur auf ihr Leben als Schauspielerin und Sängerin am Weimarer Hof, das sich durch den wachsenden Abstand zu Goethe nicht änderte. Sie sang Konzerte, trat nochmals in Hasses *Elena* auf und wirkte in Händels Oratorium *Messias* mit. In Goethes Nachdichtung von Aristophanes' *Die Vögel*, die Falk in seiner *Erinnerung* erwähnt, sprach sie am 18. August 1780 die Nachtigall. Bereits am 26. Mai 1780 war das neu erbaute Redouten- und Komödienhaus Weimars mit Seckendorffs Trauerspiel *Robert und Kalliste* eröffnet worden, am 12. Juli wurde Goethes Singspiel *Jery und Bätely* gegeben. Corona Schröter als Bätely. »Die Aktrice, der Bätelys Rolle zugedacht ist«, so Goethe am 20. Januar 1780 an Philipp Christoph Kayser, den er gern als Komponisten gesehen hätte, »hat einen schönen Umfang von Stimme und ist eine geübte Sängerin.« Ende des Sommers, am 1. September, trat sie in Einsiedels »Walddrama« *Adolar und Hilaria* auf, im gleichen Jahr sang sie in Georg Friedrich Händels Oper *Das Alexanderfest* und im *Messias* mit, glänzte noch einmal als Helena in Hasses Oratorium, und auch im folgenden Jahr stand sie auf der Bühne. Sie spielte bei der Eröffnung des Tiefurter Hof- und Waldtheaters in Seckendorffs musikalischer Pantomime *Minervas Geburt*, ein Schattenspiel zu Goethes Geburtstag. Wieland zeigte sich nach der Aufführung in seinem Sendschreiben an die Herausgeber des *Tiefurter Journals* vergnügt über die Durchsichtigkeit der Gewänder.

Anfang 1781 unternahm Goethe einen weiteren Versuch, Charlotte von Stein und Corona Schröter zusammenzubringen, diesmal unter umgekehrten Vorzeichen. Goethe an Charlotte von Stein am 10. Februar 1781: »Die Schrötern hab ich heut in der Absicht zu Tisch gebeten, um sie hernach zu Ihnen zu bringen. Lassen Sie es dabei und sagen ihr allenfalls ein artig Wörtchen, daß sie nach dem Essen mit mir kommen möge, und daß Sie sie hätten einladen wollen.« Daß der Versuch gelang, ist unwahrscheinlich. Mehr als dieser Hinweis in Goethes Brief hat sich dazu nicht erhalten, sein Tagebuch weist vom 17. Januar bis zum 1. August 1781 für gut ein halbes Jahr eine Lücke auf, doch ein weiterer Brief Goethes an

Charlotte von Stein vom 26. März 1781 legt nahe, daß Goethe diesmal statt mit ihr Streit mit Corona Schröter bekam. »Erst dacht ich, einmal die Schröter einzuladen, die in 8 Wochen nicht bei mir war, hernach zog ich die Einsamkeit vor.« Goethe gehörte spätestens 1781 ganz Charlotte von Stein. In seinen Briefen an sie taucht das vertraute Du wieder auf. Sein Verhältnis zu Corona Schröter dagegen hatte alles Leidenschaftliche längst verloren. Im wieder einsetzenden Tagebuch hielt er lediglich freundschaftliche Begegnungen fest. Erwähnte er Corona Schröter in seinen Briefen an Charlotte von Stein, entschuldigte er sich sogleich. Goethe an Charlotte von Stein im Mai 1781: »Ich gehe zur Schrötern und bin nur halb da, nicht einmal halb.« 28. Mai: »Die Schröter kommt zu Mittage. Ich bin und bleibe einmal der Frauen Günstling, und als einen solchen mußt Du mich auch lieben.« 22. Juli: »Ich habe die Schröter zu Tisch und frage Dich, was Du heute Abend tun willst.« Am 1. September dann: »Ich bin heut musikalisch und esse mit der Schrötern, bin und bleibe doch aber ganz Dein.«

Das enge Weimar erlaubte jedoch keinen Rückzug voreinander. Goethe und Corona Schröter hatten miteinander auszukommen, zumal vor allem die Proben für das Liebhabertheater sie immer wieder in Berührung brachten. Sie besuchten sich, sie sang für ihn Romanzen nach Rousseau, obwohl sie glaubte, die Lieder seien fehlerhaft, nachdem sie die meisten gespielt und gesungen hatte, sie musizierte für ihn, trug ihm Arien von Gluck und Lieder vor, für die sie die Musik gesetzt hatte, und zu Beginn des Jahres 1782 schließlich schrieb Goethe das einzige Gedicht, in dem er Corona Schröter nennt, *Auf Miedings Tod*, das in das 23. Stück des *Tiefurter Journals* aufgenommen wurde. »Goethe«, so Johann Friedrich Reichardt, »hat damals das liebliche Wesen in dem Trauergedicht auf *Miedings Tod* so wahr und schön geschildert, daß nach diesen Versen keine Worte sie mehr zu preisen vermögen.« Der Schreiner Johann Martin Mieding hatte als Theatermeister die ganzen Jahre über viele der Bühnenbilder der Liebhaberaufführungen geschaffen. Am 27. Januar 1782 war er gestorben. »Ich habe der Schrötern zu ehren zwölf Verse drinnen«, so Goethe am 17. März 1782 über *Miedings Tod*. Am 23. März schrieb Carl August von Sachsen-Weimar durchaus anzüglich an Knebel: »*Mieding* ist fertig, und die Corona bekommt darin einen ganz unverwelklichen Kranz. Schade, daß der Minnesold in neuern Zeiten so teuer ist; wäre er es weniger, sie könnte Goethen nicht anders als mit ihrer Person danken. O! wie wollten wir nicht noch in unsern alten Tagen Verse machen lernen!« Das Leben in Weimar war durchaus sinnlich, und Schröter nicht die Jungfrau, die sie als Iphigenie dargestellt hatte.

Ihr Freunde, Platz! Weicht einen kleinen Schritt!
Seht, wer da kommt und festlich näher tritt!
Sie ist es selbst; die Gute fehlt uns nie;
Wir sind erhört, die Musen senden sie.
Ihr kennt sie wohl; sie ist's, die stets gefällt;
Als eine Blume zeigt sie sich der Welt:
Zum Muster wuchs das schöne Bild empor,
Vollendet nun, sie ist's und stellt es vor.
Es gönnten ihr die Musen jede Gunst,
Und die Natur erschuf in ihr die Kunst.
So häuft sie willig jeden Reiz auf sich,
Und selbst dein Name ziert, Corona, dich.

Sie tritt herbei. Seht sie gefällig stehn!
Nur absichtslos, doch wie mit Absicht schön.
Und hocherstaunt seht ihr in ihr vereint
Ein Ideal, das Künstlern nur erscheint.

Bedeutender als Goethes Gedicht war für Corona Schröter Goethes Singspiel *Die Fischerin*, in dem sie im Sommer 1782, am 22.

Juli, das Dortchen spielte, denn die Musik dazu stammt von Corona Schröter selbst. Sie vertonte darin erstmals Goethes *Erlkönig*. Johann Adam Hillers gründliche Ausbildung in der Musik hatte sich bezahlt gemacht. Neben dem *Erlkönig*, mit dem das Spiel begann, hatte sie für *Die Fischerin* Gedichte Herders aus seiner Volksliedersammlung *Stimmen der Völker in Liedern* vertont, die Goethe überarbeitet in das Stück aufgenommen hatte. Ihre ersten beiden Lieder waren jedoch bereits 1780 im *Teutschen Merkur* erschienen. Die erste Vorstellung der *Fischerin* gelang, über die zweite am 17. September äußerte sich Goethe unzufrieden: »Sie haben schlecht gespielt und hundert Schweinereien gemacht, am Ende war freilich das Stück vorüber, wie wenn einer nach einem Reh schösse, es fehlte und durch ein Ungefähr einen Hasen träfe.«

Nach ihrem Auftritt in *Die Fischerin* sang Corona Schröter offenbar nur noch selten für den Hof. Zu den wenigen Gesangsauftritten des Jahres 1782 zählte Giovanni Pergolesis *Salve Regina*. Am 31. August 1782 standen Goethe und Corona Schröter schließlich zum letztenmal gemeinsam auf der Bühne, ausgerechnet in Einsiedels *Das Urteil des Paris*. Auch Goethe hatte sich wie Paris entschieden und seinen Apfel der Auserwählten geschenkt. Goethes Aphrodite hieß Charlotte von Stein. Danach taucht Corona Schröter weder mehr in Goethes Tagebuch noch in seinen Briefen nennenswert auf. Ihre letzte bedeutende Schauspielrolle übernahm Corona Schröter am 21. März 1783. Der Freiherr von Einsiedel hatte Carlo Gozzis *La Zobeide* bearbeitet. Der Niedergang der Weimarer Liebhaberbühne war zu diesem Zeitpunkt bereits fortgeschritten, die höfische Lust am Theaterspiel hatte nachgelassen, und Corona Schröters Bühnenarbeit war zusehends weniger geworden. Sie sang fast nur noch bei Hausmusiken und hatte begonnen, sich mehr und mehr vom Weimarer Hof zurückzuziehen. Corona Schröter war zweiunddreißig Jahre alt, ihre Zeit mit Goethe war vorüber.

Georg Melchior Kraus:
Corona Schröter zeichnet den Eros von Centocelle, 1785

*»Und hocherstaunt seht ihr in ihr vereint
Ein Ideal, das Künstlern nur erscheint.«*

Späte Jahre

Weimar, 1782 bis 1801

Im Jahr vor ihrem letzten Bühnenauftritt mit Goethe 1782 hatte Corona Schröter wohl erstmals wieder ein Angebot bekommen, außerhalb Weimars als Sängerin aufzutreten. Seit Ende 1781 fand in Leipzig unter der Leitung Johann Adam Hillers erneut das Große Konzert statt. Das Orchester war gut besetzt, Solisten und Chor begeisterten die Zuhörer im Gewandhaus. Ob Hiller selbst oder ob ihr Bruder Johann Heinrich Schröter, der am 13. Februar 1782 in Weimar aufgetreten war und nun auf eigene Rechnung Konzerte in Leipzig gab, ihr das Angebot vermittelte, ist nicht geklärt. Sicher ist nur, daß sie am 17. März 1782 mit ihrem Bruder in einem Konzert auftrat, das neben dem gewöhnlichen Abonnement als Extrakonzert gegeben wurde. Am 2. April standen sie erneut gemeinsam auf der Bühne. Beide Konzerte hatte Johann Heinrich Schröter veranstaltet, Corona Schröter sang italienische Arien. Danach kehrte sie zunächst nach Weimar zurück.

Im Sommer 1782 gab sie dort *Die Fischerin* im Tiefurter Park an der Ilm und sang in Pergolesis *Salve Regina.* Für die Konzertwinter der beiden folgenden Jahre aber nahm sie ein Gastengagement als Gesangssolistin in Leipzig an. Die beiden Konzerte mit ihrem Bruder waren ein Erfolg gewesen, Hiller durfte sie engagieren. Statt der 400 Taler, die sie bei ihrem ersten Leipziger Engagement für die

Saison bekommen hatte, erhielt sie allerdings nur noch 250 Taler. Ihre Stimme hatte sich in Weimar erholt, glänzend war sie nicht mehr. Wie umfangreich ihr Programm in Leipzig war, ist unklar, bekannt dagegen ist, daß sie bei Breitkopf 500 Konzertzettel für einen Auftritt am 3. April 1783 drucken ließ, bei dem sie Arien von Hasse, Traetta und Johann Christian Bach sang, und daß sie in Konzerten befreundeter Musiker auf der Bühne stand. Ihr letztes eigenes Extrakonzert, zugleich ihr letztes bekanntes öffentliches Konzert überhaupt, gab sie am 24. April 1784 mit Arien Antonio Salieris, Antonio Sacchinis und Johann Michael Schmids. Ein Jahr später, 1785, verließ Johann Adam Hiller das Große Konzert. Nachdem er es abgegeben hatte, trat auch Corona Schröter nicht mehr im Gewandhaus auf. Nach Hillers Weggang wird ihr Vertrag nicht mehr verlängert worden sein. Die kommenden Jahre verbrachte Corona Schröter in Weimar.

Das regelmäßige Liebhabertheater war dort unterdessen so gut wie eingestellt worden. Von 1784 an spielte in Weimar die Schauspieltruppe Joseph Bellomos, und im selben Jahr, 1784, wurde in Erinnerung an Corona Schröters Auftritte ein von Martin Gottlieb Klauer geschaffenes Amordenkmal im Park des Schlosses Tiefurt aufgestellt, »Amor füttert eine Nachtigall«. In den Sockel wurden Verse nach Goethes *Der Nachtigall* eingelassen. Am 26. Mai 1782 hatte er in einem Brief an Charlotte von Stein deren erste Fassung geschrieben:

Dich hat Amor gewiß o Sängerin fütternd erzogen
Kindisch reichte der Gott dir mit dem Pfeile die Kost
Damals saugtest du schlürpfend den Gift in die liebliche Kehle
Denn wie Cypriens Sohn trifft Philomele das Herz.

Spätestens ihr zweiter Leipziger Aufenthalt hatte gezeigt, daß Corona Schröters Stimme für große Konzertbühnen nicht mehr taugte, nur in bescheidenem Rahmen sang sie weiter, vor allem am Klavier in Schloß Tiefurt, der Académie de Musique Anna Amalias. Dafür beschäftigte sie sich nun eingehender mit Malen, Zeichnen und Komposition. Seit ihrer Ankunft in Weimar 1776 gehörte sie zu der im selben Jahr eröffneten fürstlichen Freien Zeichenschule, die Georg Melchior Kraus leitete und in deren seit 1781 geführten Schülerlisten sie neben Charlotte von Stein eingetragen war. Wie beider Begegnungen dort verliefen, ist nicht bekannt. Das Aquarell, das Corona Schröter zeigt, wie sie den Eros von Centocelle zeichnet, fertigte Kraus 1785. Corona Schröter malte herausragend. Sie schuf zahlreiche Gemälde und Zeichnungen, von denen sich viele Porträts erhalten haben. Corona Schröter an Friedrich Hildebrand von Einsiedel über ihre Zeichnungen einer Frau von Oberg und deren Tochter: »Graff, der Maler, ist hier, dessen Erscheinung hat mir viel Vergnügen gemacht. Ich hoffe, etwas von ihm in der Zeichnung auf Pergament zu profitieren. Er hat meine beiden Porträts gesehen, und es hat mich ungemein aufgemuntert, daß er so zufrieden damit war. Ich werde ihn auch zeichnen und hoffe, viel Nutzen für mich daraus zu ziehen.« 1787 beteiligte sich Corona Schröter mit Erfolg an der Weimarer Gemäldeausstellung.

Aus den Jahren 1785 und 1786 ist nur wenig über Corona Schröter bekannt. Was bekannt ist: Zur Ostermesse 1786 veröffentlichte sie auf eigene Kosten *Fünf und Zwanzig Lieder. In Musik gesezt von Corona Schröter. Weimar, Annoch bey mir selbst, und in Commission in der Hoffmannischen Buchhandlung*, und Wolfgang Heribert von Dalberg dachte 1786 daran, sie an das Mannheimer Theater zu holen. Dalberg hatte sich unter der Hand bei Friedrich Wilhelm Gotter über Corona Schröter erkundigt. Gotter, der in Weimar Legationssekretär gewesen war und seit 1772 als Geheimer Sekretär, Schriftsteller und Übersetzer in Gotha lebte, antwortete Dalberg am 5. März 1785 zunächst zurückhaltend: »Ich kenne Mamsell Schröter.

Ich habe sie in Leipzig und Weimar und am letztern Orte sogar auf dem Theater gesehen; freilich nur in Operetten, wo sich nicht auf tragisches Spiel schließen, aber Prunk von Natur, Affektation von Empfindung desto gewisser unterscheiden läßt. Die Figur ist vortrefflich. Ich weiß niemanden mit ihr zu vergleichen als Madame Koch; vielleicht hat sie noch mehr Ebenmaß und Grazie als diese. Aber das sind nun schon fünf Jahre, und schon damals war sie auf der Rückkehr, am Scheideweg der dritten Dekade. In den außerordentlichen Beifall des Weimarischen Publikums haben sich, wie bei allen gesellschaftlichen Theatern, so viel Nebenumstände gemischt, daß man darauf nicht bauen kann. Goethe selbst war von ihrer Iphigenia entzückt, aber Goethe selbst war in Mamsell Schröter verliebt. Talent muß sie freilich haben und hat es auch; aber ob dieses Talent neben Schauspielern vom Handwerke und von Talenten die Probe aushalten würde, das ist die Frage. Übrigens weiß ich, daß sie sich ehemals zu gut dünkte, das Theater zu betreten, daß sie sogar, als sie noch in Leipzig unter sehr kleinen Bedingungen beim Konzert engagiert war, einen Ruf zum hiesigen Hoftheater ausgeschlagen hat. Was könnte sie jetzt zu diesem Schritte bewegen? Verdruß über die Endschaft einer gewissen andern Rolle? Sie hat zuviel Verstand und Erfahrung, diesen Verlust nicht politischen Rücksichten aufzuopfern. Befehlen Sie, ob ich, dieser Voraussetzungen ungeachtet, einen Versuch wagen soll.« Wochen später jedoch, am 11. Mai, hatte sich Gotter besonnen. Er schrieb abermals an Dalberg, diesmal deutlich von Corona Schröter eingenommen. Sie wirkte noch immer. »Vor einiger Zeit war ich in Weimar, um einer Liebhaberkomödie beizuwohnen, die man zur Genesungsfeier der Herzogin-Mutter gab. Ich kann also Ew. Excellenz nun als Augenzeuge versichern, daß das Gerücht Ihnen vom Talente der Mamsell Schröter nicht zu viel gesagt hat. Aber was Sie mir vielleicht nicht so leicht aufs Wort glauben werden, sie vereinigt mit diesem Talente alle Theaterkenntnis, Gewandtheit und

Corona Schröter: Selbstbildnis, um 1795

Gegenwart des Geistes einer routinierten Schauspielerin. Denken Sie sich die Figur der Koch, die Innigkeit der Brandes, die Deklamation der Seilerin, aber dabei eine so sonore Stimme und so viel Grazie des Spiels als – ich muß abbrechen, um das Ansehen von Übertreibung zu vermeiden. Wie schade, daß ein so seltenes Geschöpf ihre Bestimmung verfehlt hat – verfehlen will! Denn bei ihrem jugendlichen Wuchse und bei ihrer Gabe, die Spuren der Jahre durch Kunst und Putz wegzuschaffen, wäre noch nichts versäumt – aber Prüderie und das sogenannte ewige Brot (am Hofe)!« Ob Gotter ihr das Angebot tatsächlich übermittelte und Dalberg auf sie zukam, ist unklar. Ebenso unklar ist, ob der »Verdruß über die Endschaft einer gewissen andern Rolle«, von dem Gotter in seinem ersten Brief an Dalberg sprach, auf das frühere Verhältnis Goethes oder des Herzogs mit Corona Schröter anspielt oder ob sich nur das Getuschel darüber in Weimar noch immer hielt. Zumindest dem Weimarer Klatsch nach sah Herzogin Louise Corona Schröter nicht gern in der Nähe ihres Mannes. Christoph Friedrich Ringk, Hof- und Stadtvikar aus Karlsruhe, berichtete im November 1783 über ein Konzert in Weimar: »Wie ich kam, ließ sich eine sehr schöne Sängerin hören, als Sängerin aber sehr mittelmäßig – doch etwas schmachtend. Mein Nachbar, vermutlich ein Jäger, sagte mir, daß Frau Herzogin es sich zur Gnade ausgebeten bei der Geburt des Erbprinzen, daß dies Frauenzimmer den Hof meiden soll. Aber Herr Geheimer Rat Goethe sehe sie gerne, und nun sei sie schon 2 mal wieder dagewesen.« Aus Gotters Briefdatierungen ist zu schließen, daß Corona Schröter noch 1785 in Weimar spielte, doch ob sie neben Liebhaberaufführungen auch als Gast in Joseph Bellomos Schauspieltruppe gesungen hat, ist unsicher. Bellomos Frau war selbst eine gute Sängerin, dennoch scheint ein Gastauftritt Corona Schröters möglich, da Bellomo die Familie Schröter gut kannte. Am 3. September 1780 waren er und seine Frau in einem Konzert in Frankfurt am Main gemeinsam mit Johann Friedrich Schröter und dessen Kindern – vermutlich Maria Henriette und Johann Heinrich Schröter – aufgetreten. Inwieweit Corona Schröter am Hof des Herzogs geduldet wurde oder nicht, läßt sich jedoch nicht klären. Die Herzogin habe, so Caroline Jagemann im Gegensatz zu Ringk, Corona Schröter gern gesehen, bis an ihr Ende habe sie die allgemeine Achtung genossen.

Greifbarer wird Corona Schröter erst wieder 1787. Um das Jahr 1787 lernte Friedrich Jacob sie kennen, der als Lehrer in Gotha lebte und von Corona Schröter aus Erzählungen Gotters gehört haben wird. Seine Erinnerung an sie ist, wenn auch verwaschen durch die Jahre, eine der wenigen Beschreibungen Corona Schröters aus dieser Zeit: »Corona Schröter habe ich leider nur in gesellschaftlichen Verhältnissen, nicht auf der Bühne gesehen. Noch jetzt aber, nach länger als einem halben Jahrhundert, steht ihre Gestalt lebendig vor meinen Augen, die gemessene Bewegung ihres feingebildeten Wuchses, ihr sprechendes Auge und die wohltönende Sprache ihres schönen Mundes. Bei ihrem Anblick ergriff mich jedesmal das Bild der Iphigenia, und da sich dieses wie ein Phantom meiner Phantasie in mannigfaltige Gestalten teilte, so erzeugte sich der Gedanke in mir, ein Gedicht über die Schauspielkunst an sie zu richten, bei dem ich wohl nur den Wunsch der Annäherung im Hintergrunde sah.« Das Gedicht wurde nie fertig. Eine der wenigen Strophen, die Jacob geschrieben hat, lautet:

Du, die mit Reiz und Anmut der Gebärden
Den tiefen Sinn und zarten Witz vereint. –
Wenn Deiner Stimme Melodie,
Wenn Dein beredtes Aug' des Dichters Wort belebet,
Ihn, wenn er sinkt, durch tiefe Kunst erhebet.

Ebenfalls 1787 nahm Corona Schröter auf Anna Amalias Wunsch hin Christiane Louise Amalie Neumann für zwei Jahre bei sich auf, um sie in Gesang und Schauspiel zu unterrichten, und im Sommer 1787 traf sie in Weimar Friedrich Schiller, den Freund Christian Gottfried Körners, ihres einstigen Verehrers. Im Juli 1787 war Schiller nach Weimar gekommen, noch im August hörte er Corona Schröter aus der *Iphigenie* lesen, und am 12. August schrieb er boshaft an Körner über sie, die er lieber am Herd denn auf einer Bühne gesehen hätte: »Dieser Tage hatte ich auch Gelegenheit Mlle. Schröter kennen zu lernen. Ich traf sie von ungefähr beim Kammerherrn von Einsiedel. Ihre Figur und die Trümmer ihres Gesichts rechtfertigen Deine Verplemperung. Sie muß in der Tat schön gewesen sein, denn 40 Jahre haben sie noch nicht ganz verwüsten können. Übrigens dünkt sie mir ein höchst gewöhnliches Geistesprodukt zu sein. Die übertreibende Bewunderung guter Köpfe hat ihr eine bessere Meinung von sich selbst aufgedrungen, als sie sich angemaßt haben würde, als sie gegen ihr Selbstgefühl vielleicht behaupten kann. Ihr richtigstes Verdienst, glaube ich, wäre, einer Haushaltung vorzustehen, von der Kunst scheint sie mir sehr genügsame nüchterne Begriffe zu haben. Man hat sich übrigens ganz gut und bequem in ihrem Umgang, aber man geht ruhig und leer von ihr hinweg.« Körners Frau Minna zumindest, die um dessen frühere Leidenschaft gewußt haben wird, freute der Brief. Körner an Schiller am 19. August 1787: »Aus Gefälligkeit gegen mich hättest Du Dich wohl ein wenig in die Schrötern verlieben können. Du hättest sehen sollen, wie Minna über Deine Nachricht triumphierte. Nimm Dich übrigens in acht. Sie könnte sich rächen.«

Sie rächte sich nicht. Im Gegenteil. Noch am 14. September 1787 hatte Friedrich Schiller an seinen Jugendfreund, den Schriftsteller Ludwig Ferdinand Huber, geschrieben: »Bei der Schrötern war ich diese Woche einmal. Sie ist gar nichts mehr und schwerlich jemals was gewesen. Doch in einem freundschaftlichen Umgang kann man sie leiden, um bei ihr einzuschlafen.« Kurz darauf aber, am 2. Oktober, bedankte sich Schiller bereits bei weitem freundlicher bei Corona Schröter, der er seinen *Don Carlos* gegeben hatte: »Wenn Ihnen der Karlos, wie Sie gestern die Güte hatten, mir zu versichern, soviel Vergnügen gegeben hat, so können Sie mich nicht schöner dafür belohnen, als wenn Sie ihn zu meinem Andenken behalten. Es ist der kleinste Beweis der Ergebenheit und Achtung, mit welcher ich gern sein möchte Ihr aufrichtiger Freund Friedrich Schiller.« Friedrich Schiller wurde Corona Schröters Freund. Er war wie schon Gotter von ihrer Ausstrahlung besiegt worden. Sie besuchten sich, Schiller gab ihr Kompositionen Körners, um sie sich von ihr vorspielen zu lassen, bei der bürgerlichen Mittwochsgesellschaft, die sich Schiller zufolge am 1. Oktober 1787 gründete, spielten sie miteinander Karten. Der Adel war ausgeschlossen, es wurde getanzt, geredet, gesungen, gegessen. Mit dabei: Corona Schröter. »Ich habe jetzt eine Whist-Partie hier erschaffen, welche auch für diese Mittwochsgesellschaft beisammen ist«, schrieb Schiller am 6. Oktober 1787 an Körner. »Mit der Schrötern bin ich auf dem charmantesten Fuß. Sie hat mir neulich ihre Lieder zum Präsent gemacht, und ich ihr den *Carlos*. Sie hat für mich das Gute, daß sie natürlich ist. Dieser Tage ist hier Bilderausstellung, wo sehr gute Stücke von der Schrötern sein sollen. Selbst dagewesen bin ich noch nicht.« Wenige Tage darauf schrieb er nochmals an Körner. Am Abend zuvor hatte sich Corona Schröter mit Schiller und dessen damaliger Geliebten, Charlotte von Kalb getroffen: »Gestern hatte ich einen angenehmen Abend. Die Schrötern hat Charlotten und mir die *Iphigenia*, nach Goethens erstem Manuskript, wie es hier gespielt wurde, vorgelesen«, so der Brief vom 14. Oktober. »Die Schrötern liest gut, sehr gut, weit weniger gezwungen als Gotter, mit Affekt und richtiger Auseinandersetzung. Als ich sie lesen sah und hörte, wurde die Erinnerung jener Zeit in mir lebendig, wo sie dasselbe in ihrer Blüte getan haben soll. Sie war mir dadurch interessanter, das kannst Du leicht denken. Wir sehen einander jetzt oft, fast 3-4 Mal die Woche, sie ist doch eigentlich eine von unsern behaglichsten Bekanntschaften und uns sehr attachiert.« Nachdem Schiller die Lieder von Corona Schröter geschenkt bekommen hatte, schrieb ihm Körner belustigt, er sehe ihn schon vor sich, wie er sie spiele und singe. Doch nicht nur Schiller, auch Charlotte von Kalb war von der Schröter als Iphigenie hingerissen. »Nie habe ich wieder eine solch vollkommene Darstellung gesehn!« Corona Schröter und Charlotte von Kalb freundeten sich gleichfalls an. Als die Kalb später fast erblindete, spielte Corona Schröter nahezu täglich für sie auf der Laute, las ihr vor und sang für sie. »Sie kann jetzt fast gar nichts sehn, nicht lesen noch schreiben«, hielt Charlotte Schiller am 7. Dezember 1789 fest, »die Schrötern scheint ihr nötig geworden zu sein und verläßt sie wenig.«

Wie sehr sich Schiller und Corona Schröter nahegekommen waren, belegt ein Brief, den sie ihm am 19. Oktober 1787 geschrieben hat. Er gibt eine der seltenen Alltagsszenen aus Corona Schröters Leben wieder. Sie half ihm bei der Wohnungssuche. »Ich war gestern von einer so schändlichen Indolenz und Stupidität befangen, daß mir's gar nicht in den Sinn gekommen, Ihnen wegen des bewußten Logis in Ihrer Nachbarschaft, wovon mich doch der Besitzer, der gleich nach Ihnen zu mir kam, eine ganze Stunde unterhalten, nähere Auskunft zu geben. Er wünscht es bald zu wissen, ob Ihnen die Lage und das Haus nicht zuwider wäre, das Logis an sich wird Ihnen nicht mißfallen, ich kenne es; es sind 3 Piecen aneinander und ist vollkommen hell. Hinten heraus ist auch noch ein hübsch Stübchen für einen Bedienten. Für Möbel, worunter ich mich vorzüglich nach einem Kanapee erkundigt, Aufwartung, Tischzeug, Bett' auch, denk ich, will er für das Vierteljahr 14 Taler, welches mir sehr billig scheint. Es hängt nun von Ihnen ab, ob Sie auf dieses Rücksicht nehmen oder abwarten wollen, bis sich ein anderes in einer angenehmern Lage auftut. Doch muß ich Ihnen sagen, daß es hier äußerst schwer hält und selten ist, gleich Möbel bei einem Logis zu finden. Um Ihnen nicht Zeit und Müh zu rauben, schriftlich zu antworten, so dürfen Sie ja nur die Güte, wenn Sie diesen Nachmittag ausgehen, auf einen Augenblick heraufkommen, um mir mündlich Ihre Meinung zu sagen. Ihre Ergebene Freundin Corona Schröter!« Mit dem Logis, für das sich Corona Schröter aussprach, könnte Schillers Wohnung im Haus Frauentorstraße 21 gemeint sein, das gleich neben dem Gasthof »Zum weißen Schwan« lag.

Corona Schröter verkehrte nicht nur mit Friedrich Schiller oder bei Musäus, der ihren Besuch 1787 in sein »Gartenjournal« eingetragen hatte, sondern ebenso gern und viel mit Weimars Gesellschaft. Und: Sie traf dabei Goethe wieder. Am 18. Juni 1788 war er aus Italien zurückgekehrt, danach erfolgte sein Bruch mit Charlotte von Stein, als Christiane Vulpius seine Geliebte wurde, für die Charlotte von Stein kein gutes Wort hatte. Die alte tiefe Verbindung zu Corona Schröter nahm Goethe dennoch nicht mehr auf. Sie blieben sich aber wohlwollend freundlich zugetan, und nur wenige Wochen nach Goethes Rückkehr dachte auch Corona Schröter daran zu verreisen. Die Jahre der Überanstrengung ihrer Stimme hatten sie angegriffen, von Karlsbad versprach sie sich Linderung. Schiller wunderte sich zwar, wie sich Corona Schröter den Aufenthalt leisten könne, kündigte Körner aber trotzdem die Reise an, weil der ebenfalls daran dachte, nach Karlsbad zu fahren. Körner antwortete ihm am 1. Juli 1788: »Das Karlsbad soll sehr reizbar machen, also wird Minna sich eben nicht über die Anwesenheit der Schröter freuen. Doch denke ich, soll sie mir jetzt nicht gefährlich sein.« Körner war wenig angetan von der Aussicht, Corona Schröters wegen Streit zu bekommen. Selbst noch acht Jahre später wich er ihr aus, als er mit seiner Frau bei Schiller zu Besuch war, der mittlerweile in Jena lebte. Körner wollte sich nicht wieder in sie verlieben. Seine frühere Leidenschaft muß heftig gewesen sein. Corona Schröter wartete daher umsonst auf eine Einladung von ihm. »Die Mlle. Schröter«, schrieb Charlotte von Stein schadenfroh an Charlotte von Lengefeld, die Schiller geheiratet hatte, »war sehr empfindlich über Körners, daß Sie ihr gar nicht hatten sagen lassen, nach Jena zu kommen. Ich sagte ihr, daß Sie Ihnen nicht gern hätten mehr Gäste an den Tisch bringen wollen.« Die Reise nach Karlsbad unterblieb, gefährlich aber wäre weder sie noch der Besuch für Körner geworden. Corona Schröter hatte längst eine neue Liebe gefunden: Friedrich Freiherr Hildebrand von Einsiedel-Scharfenstein.

Von 1788 an zog sich Corona Schröter ganz vom Hof zurück, und Anna Amalia ernannte 1791 die vierzehnjährige Louise von Rudorf zur Kammersängerin. Corona Schröters Engagement war damit erloschen. Im *Hochfürstl S. Weimar- und Eisenachschen Hof-*

und Adreß-Calender auf das Jahr 1802 wurde sie aber weiter in der Rubrik »Hof-Capelle« als Corona Elisabeth Wilhelmine Schröter, Vokalistin, geführt. Die 400 Taler im Jahr, die Corona Schröter zukamen, wurden anstandslos weiter gezahlt. Sie konnte von ihnen bescheiden, doch sorgenfrei leben, sie sang nur noch für Freunde und unterrichtete als Zubrot weiter Gesang und Schauspielerei. Zu ihren Schülerinnen gehörten neben Christiane Neumann eine Base Charlotte Schillers, Christel von Wurmb, und die Tochter Friedrich Justin Bertuchs. Die erinnerte sich gegenüber August Varnhagen von Ense: »Corona Schröter hatte früh aufgehört, Hofsängerin zu sein, sang aber oft und gern in Gesellschaften, wo sie sehr begehrt und in hohen Ehren gehalten wurde. Leichte, heitre Lieder, die sie mit der Guitarre begleitete, gelangen ihr am vorzüglichsten. Sie ging nie ganz nach der Mode, sondern immer eigen gekleidet, nicht auffallend, nicht willkürlich, aber ihr ganz angemessen und wohlstehend, zum schönsten Eindruck«, schrieb sie am 21. Januar 1839. »Sie genoß eines hohen, unangetasteten Rufs. Man wollte insgeheim wissen, daß sie mit Hrn. von Einsiedel getraut gewesen. Sie bewohnten beide dasselbe Haus, auf dem Markte, sie eine Treppe hoch, er zwei. Man will ein einziges Mal von außen gesehen haben, daß sie hinter dem Fenstervorhang, der nicht völlig zugezogen war, sich geküßt!« Das Gerücht um die heimliche Heirat Corona Schröters mit Einsiedel hielt sich lange, wie August Varnhagen von Enses *Tageblätter* unter dem 6. Dezember 1853 zeigen. »Sie war höchst ehrbar, kalt, fest, aber die geliebte Freundin, man sagt, heimliche Gattin sogar des Herrn von Einsiedel.« Man solle sich hüten, so Varnhagen von Ense, von Corona Schröter als unbescholtene Jungfrau zu sprechen.

Corona Schröter kannte Einsiedel seit 1776. Sie hatten sich ständig bei Hof getroffen, am Liebhabertheater zusammen geprobt und gespielt. Wann sich Einsiedel in Corona Schröter oder sie sich in ihn verliebt hat – Friedrich Theodor Adam Heinrich Müller,

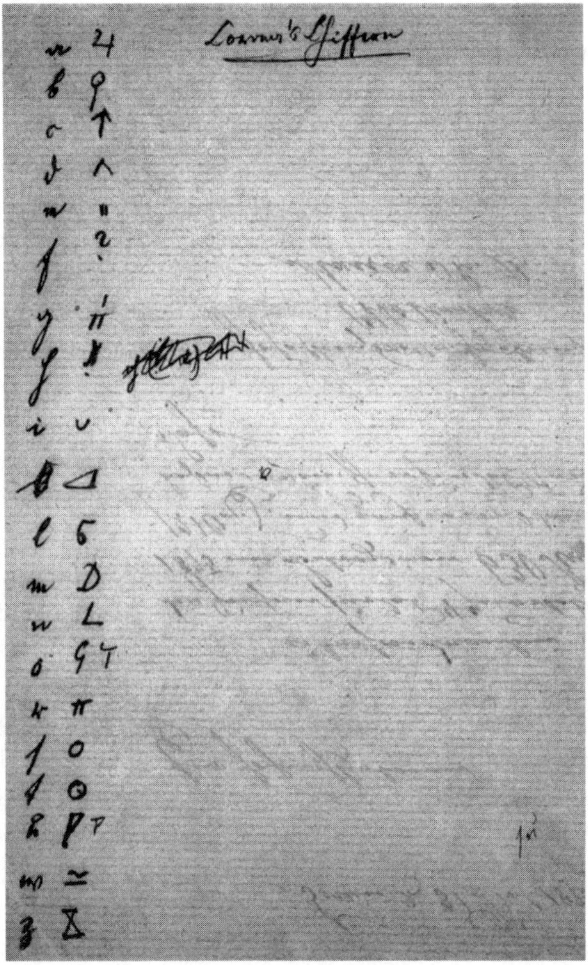

Chiffren Corona Schröters

Kanzler Müller, sprach von »intim liiert« –, ist nicht festzulegen, denn Einsiedel hat sich lange bedeckt gehalten, und beide hielten ihre Liebe geheim. Selbst in ihren Briefen aneinander verwendeten sie Geheimzeichen, um sie unleserlich zu machen.

Einsiedel, geboren 1750, war 1761 als Page an den Weimarer Hof Anna Amalias gekommen, auf deren Kosten er in Jena die Rechte studierte, danach arbeitete er in der Verwaltung des Fürstentums, 1775 ernannte ihn Herzog Carl August von Weimar zum Hofrat, im Jahr darauf wurde er Kammerherr an Anna Amalias Witwenhof. Einsiedel, gut gewachsen, braune Haare, die Augen dunkel und lebhaft, liebenswürdig, mild, gesellig, nobel, ständig zerstreut und verträumt, gewinnend bei den Damen, einnehmend bei den Herren, schrieb nebenbei für das Weimarer Theater kleine Opern, Singspiele, Schauspiele, Parodien, Farcen, Komödien, er übesetzte Molière, Goldoni, Calderón, Plautus, Terenz und Cimarosas Opern, er schrieb für das *Tiefurter Journal*, lieferte Lieder, Märchen, Novellen und Erzählungen für Wielands *Teutschen Merkur*, Schillers *Horen* oder Bertuchs *Journal des Luxus und der Moden* und verfaßte eine *Grundlinie einer Theorie der Schauspielkunst*. In *La Zobeide*, *Die Laune der Verliebten* und bei einem Fest zu Ehren der Schauspieler stand er mit Corona Schröter auf der Bühne. Bei dem Ehrenfest allerdings mit wenig Freude. Goethe am 7. April 1786: »Einsiedel ist sehr verdrießlich, und die Schröter in Verzweiflung!«

Einsiedels wohl frühester erhaltener Brief an Corona Schröter – er verwendet in ihm noch das förmliche Sie –, zeigt die sich anbahnende Zuneigung, doch wann der Brief geschrieben wurde, ist ungewiß. Sein Ende aber legt nahe, daß sich Einsiedel da schon in Corona Schröter verliebt hatte. Der Brief spielt darauf an, daß Einsiedel weder das Getuschel über Corona Schröter noch das Verhältnis Goethes zu ihr noch die Nachstellungen des Herzogs schulterzuckend hingenommen hatte: »Ich habe Sie gar oft, meist unbemerkt, doch nicht ganz geheim, stets gern gesehn und bin Ihnen mit der reinsten Teilnehmung gut gewesen, ich habe nie vertragen und gleichgültig ertragen können, wenn andre Sie nicht so hoch als ich schätzten – ich habe hohen, seltenen und ungefälschten Wert in Ihnen gefunden und geliebt! – warum sollte

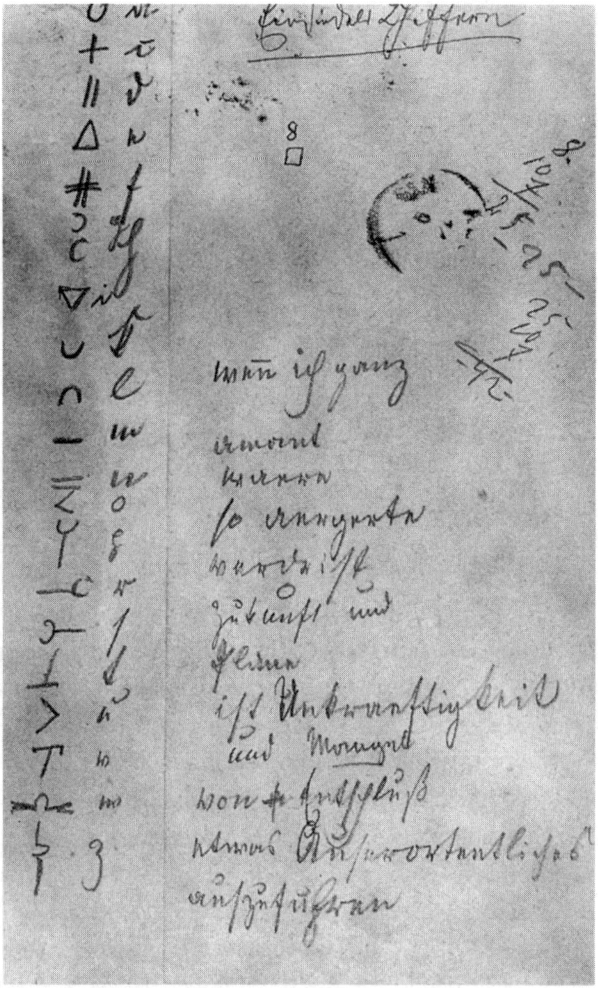

Chiffren Einsiedels

dies alles nun nichts und für nichts sein? Warum sollte ich Ihnen und mir selbst verbergen, was mich zwar wohl nie glücklich – aber, lieber Engel, was mich doch leichter und schöner mein Dasein ertragen macht – und was Ihre Freundschaft mir ja gewähren will.«

Da der Brief nicht datiert ist und vor 1787 keine Briefe von ihr an ihn überliefert sind, kann nicht nachvollzogen werden, wann sich beider Zuneigung wirklich entwickelte. Weitere Briefe Einsiedels und Corona Schröters, die er mal Lilli, mal Emilie nannte, geben jedoch zumindest darüber Auskunft, wie sie sich gestaltete. Sie beschreiben Alltag, Streit, Aussöhnung, Zuneigung, die Vorsicht, nicht entdeckt zu werden. Einsiedels Schreiben sind nicht überschäumend, eher ängstlich, leise, traurig, nicht selbstvergessen, sondern bang und still, verhalten und grüblerisch. Ihre dagegen sind wie schon der Brief an Bertuch von 1773 bei weitem fröhlicher, liebevoller, leidenschaftlicher und offener. Corona Schröter scheint nicht nur durch ihr Aussehen bezaubert zu haben. Zwei der Briefe Corona Schröters sind auf das Jahr 1787 datiert und beweisen somit, daß sie sich spätestens in diesem Jahr gefunden hatten. Corona Schröter, am 7. Februar: »Ich erwachte heute zu spät, um Dir meine Zusage zu halten. Wie hast Du geschlafen, mein lieber bester Fritz? Es ist mir gar sehr zuwider, Dich heute gar nicht zu sehen. Mache, daß ich Dich morgen recht wohl finde, liebe Seele. Lebe wohl, mein Herz, und behalte mich lieb. Deine treue Corona.« Noch deutlicher als dieser erste Brief erweist der zweite vom 4. September 1787, Dienstagabend, wie sie zueinander standen. Sie schrieb darin ihrem geliebten Fritz, daß sie ihm schon am Tag zuvor schreiben wollte, aber nicht dazu gekommen sei. Einsiedel war auf Reisen. Am Mittwochabend, am Donnerstag und Freitag führte sie den Brief fort. Zwei Auszüge daraus: »Es fällt mir auf einmal die Besorgnis ein, mein liebster Fritz, daß mit diesem Briefe etwas Fatales vorgehen könnte, wenn ich ihn abschickte, ich will ihn Dir lieber selbst geben, wenn Du wiederkommst; es macht ja auch so nur einen Tag Unterschied; ich traue wegen Deinem Reisegesellschafter nicht recht. – Wie ist Dir's heute gegangen, liebste

Seele, hast Du auch einmal an Deine C gedacht? Wenn mein Andenken Dir Glück bringen kann, so mußt Du indessen reich geworden sein. Laß Dich nur nicht länger als bis zu Sonnabend aufhalten, mein Bube, ob ich Dir's gleich nicht verdenken könnte, wenn Du länger von hier abwesend zu sein wünschtest. Ich bin heute bei dem schönen Wetter wieder so viel spazierengegangen, daß ich ganz müde und schläfrig bin. – Es wäre Dir auch gesünder, wenn Du diese schönen freien Tage mehr in der Luft als im Zimmer am Spieltisch zubringen könntest. – Gute Nacht, mein süßes bestes Herz! Ich umarme Dich mit innigster Liebe!!« – »Wie kann ich Dir, Du einziger und ewig geliebter Freund meines Herzens, für die Freude und das wohltätige Gefühl, von dem mein ganzes Wesen durchdrungen ist, das mir Dein lieber Brief verursacht, genug danken. Jetzt reut es mich unendlich, daß ich Dich vergebens auf einen Brief habe warten lassen, wenn er Dir auch nur den 10ten Teil der Freude gemacht hätte, die mir der Deinige gewährt hat. Wie hat Dich mein Herz für Deine Liebe, für Dein Andenken an mich gesegnet, Du Vielgeliebter! Mit tausend und tausend Küssen will ich Dir dafür danken, wenn ich Dich wiederhabe. Morgen in dieser Stunde bin ich wieder in Deinen Armen und das glücklichste aller Wesen. – Mit diesen fröhlichen Gedanken lege ich mich zur Ruh. Noch einen Kuß auf Dein heiteres, dichterisches liebes Stirnchen, und unzählige Deinen süßen, sanften, freundlichen Rosenlippen. – Gute Nacht, Du aller Einzigster, über alles Geliebter!!! – Ewig Deine treue Corona.«

Corona Schröters Briefe an Einsiedel aus dem Jahr 1787 sind die letzten überlieferten, datierbaren Schreiben der beiden aneinander für viele Jahre. 1788 bis 1790 begleitete Einsiedel als Kammerherr Anna Amalia nach Italien. Corona Schröter blieb allein zurück. Sie hatte abermals kein Glück mit ihrer Zuneigung. Friedrich Hildebrand von Einsiedel-Scharfenstein und Corona Schröter heirateten nie. Vor allem wohl deshalb, weil sich Einsiedel nicht sicher war, ihr ein geordnetes Leben bieten zu können. Er war, auch ihr Brief deutet das an, ein Spieler, der über die Jahre Unsummen verlor. Schon 1790 bat Goethe den Hof um ein Darlehen von 1800 Talern für ihn. Einsiedel hielt sie hin, bis aus Corona Schröters Liebe einmal mehr eine Freundschaft wurde. Er stand sich selbst im Weg. Wann sich der Wandel vollzog, ist wiederum nicht sicher, er wird aber nach 1793 stattgefunden haben, da sie ihm in einem Brief vom 15. Juli dieses Jahres noch schelmisch die Eifersüchtige vorgaukelte und in einem weiteren Brief vom 24. Juli 1793 noch von der Sehnsucht nach ihm sprach.

Zu belegen indessen ist, daß sich Corona Schröter in dieser Zeit nicht nur weiter um ihre eigenen Schülerinnen, sondern auch um die Ausbildung begabter Sängerinnen und Schauspielerinnen des Weimarer Hoftheaters kümmerte, das Goethe von 1791 an leitete. Johann Daniel Falk, *Erinnerung an Corona Schröter*, 1807: »So genoß Corona Schröter in den Umgebungen eines jungen, geistreichen und aufgeweckten Hofes die schönsten Jahre ihres Lebens, in der Gesellschaft eines Wieland, Herder, Goethe, mit welchen sie nach und nach in den innigsten Verbindungen stand. Endlich, und als die Zeit an ihren Reizen ebenfalls eine nie aufgegebene tyrannische Herrschaft ausübte, mußte sie der Besitz so vieler Talente, ihre Welt- und Menschenkenntnis, besonders aber ihr in dem Sturm der mannigfaltigsten und schwersten Prüfungen glücklich gerettetes Herz und ein zugleich hoher, fester und einfacher Charakter der Achtung und des Zutrauens aller Edlen gewiß machen. Corona Schröter war es, unter deren mütterlich zärtlichen Anweisung sich besonders das herrliche Talent der für Weimar und viel zu früh verstorbenen und von Goethe verewigten Muse Euphrosyne entwickelte. Wer dies junge, reizende Mädchen, geborne Neumann, nachher verehelichte Madam Becker, in den *Geschwistern*, oder in der Ophelie und andern Rollen von hohem tragischen Stil zu sehen das Glück hatte: dem wird dies ein unschätzbares Andenken sein, und mit Vergnügen wird er der vortrefflichen Schule, die ihm diesen Genuß verschaffte, zu huldigen wissen. So wirkt Corona Schröter, durch Tat und Beispiel, noch nach ihrem Tode unter uns fort, und wer sie je gekannt hat, wird nicht ohne eine wehmütige Erinnerung an ihren allzu frühen Verlust diese Zeilen aus den Händen legen.«

Die von Falk erwähnte Christiane Neumann hat Corona Schröter verehrt, ihr erstes Kind nannte sie 1794 nach ihr. Bald nach der Geburt ihres zweiten Kindes starb sie 1797 mit neunzehn Jahren, wie später Corona Schröter, an einem Brustleiden. Goethe hatte für sie geschwärmt, in seiner Elegie *Euphrosyne* beklagte er ihren frühen Tod, bei ihrem Begräbnis war Corona Schröter vermutlich anwesend. Goethe war von Aussehen und Gesang Christine Neumanns angetan, Corona Schröter förderte sie. Doch nicht nur ihr sagte Corona Schröter eine glänzende Laufbahn voraus, denn Corona Schröter begeisterte sich ebenso für die Stimme Christel von Wurmbs. Louise von Lengefeld, geborene Wurmb, die Mutter Charlotte Schillers, merkte dazu aber nur spöttisch an, daß die Madame Schröter 6000 Taler Gage schneller aussprechen, als verschaffen könne.

Kein Glück hatte Corona Schröter dagegen mit der Sängerin Burgdorf. 1798 hatte sie sich beim Weimarer Hoftheater beworben und war zunächst abgelehnt worden. Goethe und Franz Kirms, der das Theater mit leitete, entschieden jedoch, sie einzustellen, falls sie sich wie Christiane Neumann dem Unterricht bei Corona Schröter unterzöge. Corona Schröter unterrichtete sie, aber nicht lange. Sie sei, schrieb die Burgdorf, Schauspielerin, keine Sängerin, ihre nächste Rolle werde sie selbst einstudieren. Das Theater engagierte sie dennoch, doch wurde ihr bald wieder gekündigt. Der Mißerfolg, so die Burgdorf auf Corona Schröter gemünzt, sei entstanden, weil sie ihrer Natur untreu, eine von fremder Eingebung bewegte Maschine gewesen sei. Ihre Geldforderungen, die sie nach ihrer Entlassung stellte, wurden trotzdem abgelehnt. Sie hatte 22 Reichstaler Schulden. »Ich hoffe«, schrieb sie von Jena aus mit Blick auf Corona Schröter in einem boshaften Abschiedsbrief, »in Trippsdrill, wo ein gebildeteres Publikum, wo ich durch Ihre Freundin die Frau von Brunst allen Kabalen die Spitze bieten kann, als Schauspielerin mich in kurzer Zeit derart zu vervollkommnen, daß ich als erste Liebhaberin in meinem geliebten Weimar durch meinen Ruf werde bald wieder engagiert werden können. So flehe ich Sie, meine zuckersüße Seele, mein Honigseimchen, mit kindlicher, liebevoller Zuversicht an, diese angezeigten Schuldposten für mich zu bezahlen und meine Ehre zu retten, wofür ich dankbarlichst ersterbe.«

Zu wenig ist über Corona Schröter bekannt, als daß ihr Wesen zu umschreiben wäre, doch hat sie immer wieder, wie bei der Burgdorf, besonders bei den Damen Widerspruch bis hin zur Häme hervorgerufen. Ihre Schönheit, die Bewunderung der Herren, ihr freies, ungebundenes Leben forderte den Neid heraus. Henriette von Egloffstein erinnerte sich für ihre *Memoiren* an einen Ball: »An diesem Abend sah ich zum ersten Mal die berühmte Schröter, Schauspielerin, Kammersängerin, Gelehrte und Freundin der ausgezeichnetsten Männer jener Zeit. Eine sehr hohe, schlanke Gestalt in echt griechischem Kostüm zog mitten im Tanz meine Blicke an, und als ich meinen Tänzer befragte, wer diese Person sei, nannte er mir ihren Namen. In Hinsicht ihrer bedeutenden Schönheit, die sich noch lange erhielt, ihrer vielseitigen Kenntnisse und ihres philosophischen Geistes durfte man die Schröter mit der Ninon vergleichen. Übrigens war sie gerade das Gegenteil von dieser; denn trotz der Leidenschaft, die sie so vielen Männern einflößte, konnte sich keiner ihrer Gunst rühmen und selbst der Neid ihr nichts Böses oder irgendeine Schwachheit nachsagen. Ihre Haltung war stolz und edel, wie ihr Charakter, die Züge ihres Gesichtes, obgleich nicht regelmäßig schön, brachten doch dieselbe

Wirkung hervor, und wer sie in ihrer Jugendblüte gekannt hatte, versicherte, sie sei unwiderstehlich reizend gewesen. Bis auf einen Anflug von theatralischer Würde, welche zur Zeit, als ich sie kennenlernte, schon in Steifheit und Pedanterie übergegangen war. Goethe, Knebel, Einsiedel, ja selbst der Herzog und andere merkwürdige Männer sollen ihre Anbeter gewesen sein. Der Erste hat sie in einem Gedicht verewigt, sonst würde man vielleicht jetzt nicht mehr wissen, daß sie existiert und eine so große Rolle in Weimar gespielt hat.« Corona Schröter wurde nicht von Männern erwählt – sie wählte selbst. Und, auch das ein Grund des Neids, sie brauchte anders als ihre Neiderinnen keinen Versorger. Sie stand auf eigenen Beinen.

Wie überhaupt mit Corona Schröter in ihren letzten Weimarer Jahren umgegangen wurde, ist kaum auszumachen. Die wenigen Belege sind zwiespältig. Einerseits war ihr Gesang gern gehört, andererseits wurde sie dafür belächelt, daß sie eine arme, alternde Sängerin sei, die Opernmanieren zu sehr ins gesellige Leben hinübergenommen habe. Inwieweit Corona Schröter wirklich eigen geworden war, ob all das Lob in ihrem Künstlerleben nicht spurlos an ihr vorübergegangen ist oder ob sich der Neid auf sie nach ihrem Weggang vom Hof nur ungehemmter aussprach, zumal sie ihr Herz zu oft auf der Zunge getragen und damit gegen die abgemessene Gesellschaftsetikette verstoßen zu haben scheint, ist nicht zu sagen. Eigenheiten aber hatte sie. Eine davon schilderte die ihr immer noch wenig wohlwollende Charlotte von Stein nach dem Abend der ersten Begegnung Corona Schröters mit Jean Paul Friedrich Richter im Juni 1796, dem damals umschwärmten Schriftsteller. Charlotte von Stein: »Wir machten ihm alle eine höfliche Verbeugung, die er ohne Verlegenheit erwiderte, bis zuletzt Mlle. Schröter kam, die mit einer etwas theatralischen Stellung sich zuerst zu Frau von Kalb wendete und ihr für eine Bekanntschaft dankte von dem Manne – indem sie sich zu ihm wandte –, den sie schon lange in ihrem Herzen schätzte und verehrte, und zu uns sagte sie, daß sie immer die Auszüge von seinen Schriften in ihrer Tasche trage. Ihm wurde angst und bang dabei, und er hätte ihr gern das Lob geschenkt. Den Abend haben wir uns, meine Nièce Amalie und meine Schwester, die Szene wieder vorgespielt, und ich kann sie noch nicht vergessen, so komisch war es.« Corona Schröter wird nicht nur von Charlotte von Stein hinter ihrem Rücken verspottet worden sein. Auch Charlotte Schiller urteilte über Corona Schröter, weniger beißend zwar als Charlotte von Stein, aber dafür durchaus gespalten. Einmal, am 7. März 1801, schrieb sie an Schiller: »Die Schrötern hat uns den *Taucher* gesungen, den sie sehr glücklich komponiert hat und so gut vorgetragen, daß es einem einen rechten Genuß gab. Sie hat so einen Schwung in der Komposition, wie sie selten in andern Liedern hat, das Ganze ist sehr einfach. Auch *Die Würde der Frauen* hat sie sehr glücklich komponiert und die verschiedenen Strophen in einem sehr hübschen Ton angegeben.« Kurz darauf, am 18. März 1801, schrieb sie wiederum an Schiller über eine Teegesellschaft, die drei Tage zuvor bei Goethe stattgefunden hatte: »Sonntag bei Goethe war eine ziemlich ansehnliche Gesellschaft, die Schrötern und Jagemann unter andern, die letztere war sehr artig und gefällig und sang wunderschön, die erstere zeigte aber recht in ihrer Art, sich gegen die Jagemann zu betragen, die Alte Jungfer, und es betrübte mich ordentlich, da ich sie letzthin über ihr Urteil und Billigkeit gegen die Jagemann bewunderte, sie nun zu sehen, wie sie doch dem Gefühl unterlag, daß sie nichts mehr von alledem aufzeigen könne, wodurch jene sich auszeichnet, und zumal schien der beleidigte Ton aus der Betrachtung des schönen Staats der andren zu entstehen. Freilich die empfindlichste Seite für ein eitles Wesen.« Das Ereignis, auf das Charlotte Schiller anspielte, war ein Streit zwischen der Sängerin Caroline Jagemann und dem Kapellmeister Johann Friedrich Kranz, die sich bereits bei einer Probe zu Mozarts

Don Giovanni nicht über den Gesang einigen konnten. Während der Vorstellung am Abend des 18. Februar trugen sie ihre Auseinandersetzung vor dem Publikum aus. Caroline Jagemann verließ wütend die Bühne. Weimar war gespalten, Corona Schröter nahm für die Jagemann Partei, die sich durchsetzte. Nach dem Skandal durfte Kranz nur noch Opern leiten, bei denen Caroline Jagemann nicht mitsang. Schließlich war sie die Mätresse Herzog Carl Augusts von Weimar, der sie zur Gräfin Heygendorf adeln ließ. Ihr Eintreten für Caroline Jagemann nutzte Corona Schröter allerdings nichts. Die Schauspielerin und Sängerin, wegen der Goethe Jahre später, ebenfalls nach einem Streit mit ihr, das Weimarer Theater aufgab, hatte nur wenig für Corona Schröter übrig: »Auch Corona Schröter war eins der Wesen, die mir in meiner Kindheit als unerreichbare Sterne erschienen und nun zu mir – oder ich zu ihnen – herantraten. Ihre äußere Erscheinung hatte noch immer etwas Ideales; ich habe selten wieder eine so vollkommene Gestalt gesehen als die ihrige. Nicht regelmäßige, aber Verstand und Anmut ausdrückende Züge, verbunden mit der Kunst der Toilette, hatten sie einst zur Schönheit des Tages gemacht, durch Goethes Vermittlung war sie von Leipzig als Hofsängerin nach Weimar gekommen, doch war der Gesang gerade das, was ihr am meisten abging. Mit der ihr eigenen poetischen Natur trat sie immer mit Anstand und Grazie aus den Schranken der steifen Geschmacklosigkeit ihrer Zeit, ihre Toilette erinnerte mehr an die Griechheit als an die französische Mode. In den ersten Regierungs- und Ehestandsjahren des Herzogs wurde sie der Magnet, von dem er sich mächtig angezogen fühlte; Goethe benutzte diesen Umstand, um den Geist des jungen Fürsten angenehm zu unterhalten und in die Einförmigkeit des Hofwesens einiges Leben zu bringen. Ich hatte so viel von jenen Tagen des Glanzes der Schröter gehört, daß ich mich wunderte, als ich sie näher kennenlernte, daß man keine Spur von Anteil sowohl des fürstlichen feurigen Anbeters als auch dessen, der früher an dem kleinen Hofe seine Kränze mit den ihrigen tauschte und der ihr Gedächtnis in seinen Werken feierte, sich auf dem stillen Pfad ihres jetzigen Lebens zeigte. Beide sahen sie nicht mehr und hatten sie vergessen.«

Ganz so still war ihr Leben in ihren ausgehenden Weimarer Jahren jedoch nicht, denn nachdem sie 1786 ihre erste Liedsammlung herausgegeben hatte, folgte wiederum auf eigene Rechnung 1794 ihre zweite, *Gesaenge mit Begleitung des Fortepiano von Corona Schröter zweyte Sammlung Weimar in Commission bey dem Industrie Comptoir*, die sie am 4. Mai 1794 ankündigte. Corona Schröter komponierte ausschließlich Lieder, allein oder für das Singspiel. Bis 1780 hatte sie zwei Vertonungen im *Teutschen Merkur* veröffentlicht, *Die ersten Blümchen, die ich fand* nach einem Gedicht von Sophia Albrecht und *Canzonetta Romana* nach Goethe. Aus ihrer Vertonung von Goethes *Die Fischerin* übernahm sie vier Kompositionen überarbeitet in ihre erste Liedsammlung von 1786. Diese erste, im Volksliedton gehaltene Sammlung war beliebt, wie die erhaltenen umfangreichen Subskriptionslisten belegen, die zweite Sammlung, in der sie sich dem weit schwierigeren Kunstlied zuwandte, hatte keinen nachhaltigen Erfolg. Wie *Die Fischerin* blieben ihre verschollenen Schillervertonungen, ihre Konzertarien und Duette damals unveröffentlicht.

Corona Schröter war zuallererst Sängerin, dann Schauspielerin. Erst als ihre Stimme nachgelassen hatte, nahm sie sich ernsthaft der Komposition an. Ihre Erfahrungen auf der Bühne und Hillers Schule in Leipzig wirkten sich auf ihre Lieder aus. Wie bei Hiller gelernt, nahm sie sich zuerst des Volksliedtons an, ehe sie zum Kunstlied und dann zur Arie fortschritt. Liedvertonungen von Liebhabermusikern, wie Corona Schröter eine war, wurden häufig für Hausmusiken gesetzt. Sie waren einfach gehalten, damit sie von ungeübten Sängern vorgetragen werden konnten. Eine bescheidene Ausbildung in der Komposition genügte, zu der sich auch

Corona Schröter in der Subskriptionsanzeige im Anzeiger des *Teutschen Merkur* am 15. April 1785 offen, aber schmunzelnd bekannte. »Die Liebhaberei an leichtem Gesang kann zwar die Liebhaberei der Liederkomposition entschuldigen; dennoch habe ich, dieser Voraussetzung ungeachtet, manche Bedenklichkeit bekämpfen müssen, ehe ich den Entschluß ernstlich zu fassen wagte, eine Sammlung kleiner Gedichte, die ich mit Melodien begleitet habe, durch den Druck bekannt zu machen. Unserm Geschlecht ist ein eignes Gefühl von Schicklichkeit und Sittlichkeit eingeprägt, das uns nicht erlaubt, allein und ohne Begleitung öffentlich zu erscheinen: Wie kann ich daher anders als mit Schüchternheit diese meine musikalische Arbeiten dem Publikum übergeben, da ich für dieselben keinen Beschützer und Fürsprecher habe? Denn der schmeichelhafte Ausspruch und die Aufmunterung einiger Personen, denen ich sie bekannt gemacht – so unbezweifelte Ansprüche auch denselben auf das Richteramt im Reiche der Künste zustehen –, kann leicht aus Nachsicht parteiisch sein; doch der Arbeit eines Frauenzimmers wird ja in den Augen anderer Kenner gleiche Nachsicht zuteil werden.« Der Druck der Sammlung verzögerte sich, und in der Septemberausgabe des Anzeigers gab sie die Verzögerung bekannt. »Hätte ich alle Hindernisse, die sich der Vollendung des Drucks gegen meine Erwartung entgegensetzten, vorher ahnen können«, schrieb sie, »so würde ich dies für den Wink irgendeines um mich allzu besorgten Schutzgeistes genommen haben und dadurch noch schüchterner geworden sein. Jetzt ist es zu spät, der Reue Gehör zu geben, auch ist der Weg zur Rückkehr durch das wohlwollende Vertrauen vieler Personen, welche sich für meine Unternehmung interessiert haben, mir verschlossen; es bleibt mir daher bloß übrig, den unverschuldeten Verzug öffentlich anzuzeigen, mir Verzeihung zu erbitten.«

Corona Schröters in wenigen hundert Exemplaren gedruckte erste Liedsammlung wurde nach ihrem Erscheinen gut verkauft und in Carl Friedrich Cramers *Magazin der Musik* von 1786 besprochen. Die Subskriptionsliste, die sie als »Verzeichnis der Pränumeranten« der ersten Sammlung voranstellte, zeigt, für wen sie die Lieder geschrieben hatte. Sie wurden überwiegend von Bürgerlichen bestellt, mehr als die Hälfte davon Frauen, nahezu alle Besteller waren keine Musiker. Corona Schröter erhob keinen Anspruch auf hohe Kunst. Sie schrieb ihre Lieder für sich und für den bescheidenen Vortrag. Der anonyme Verfasser der *Biographischen Nachricht* in der *Allgemeinen Musikalischen Zeitung* von 1803: »Sie verschönerte mehrere Jahre die Versammlungen, wo man der Tonkunst huldigte. Hier, wie im Schauspiel, das Große zu erreichen, hatte ihr die Natur versagt: ihre Stimme reichte dazu nicht aus. Desto treuer bleib sie dem Anmutigen, bis ihr verstattet wurde, sich, nach den Jahren der Jugendblüte, vom öffentlichen Gesange zurückzuziehen. Doch zeigte sie ihre fortgesetzte Anhänglichkeit an die Tonkunst nicht nur in ihrem nun einsamern Leben, sondern auch im kleinern Kreise ihrer Freundinnen und Freunde. Ja, sie machte auch nicht wenige Versuche, ihre eigene, innere Musik für andere aufzuzeichnen. Sie schrieb viele kleine Arien und Lieder mit Begleitung des Klaviers. Fünfundzwanzig derselben sind in Weimar gedruckt erschienen. Corona hatte aber für die Komposition zu wenig eigentliche Schule und vermochte nicht erfahren und gewandt genug auf das Papier zu werfen, was in ihrer Seele war; daher sind ihre Arbeiten zwar keineswegs zu verachten und keineswegs ohne Spuren von Geist: aber man mußte sie dieselben selbst vortragen hören, um bestimmt zu erfahren, was in ihnen war oder vielmehr sein sollte. Es fehlte ihr, besonders in den spätern Jahren, ein kunstfertiger Freund, der sie verstand, ihren Sinn sich anzueignen wußte und ihr beistand, ihn auszusprechen.«

Corona Schröter hatte die Herausgabe ihrer Lieder vom Titel über den Inhalt bis zur Aufmachung gezielt berechnet und Exemplare an Freunde wie den Schauspieler Friedrich Ludwig Schröder gesandt. In ihrem Begleitschreiben an ihn erwies sie sich ganz als Dame von Welt: »Weimar 19. Januar 1791. Der Gedanke gibt meinem Herzen einen süßen Stolz, daß ich dem Manne, dem ich längst meine größte Verehrung gereicht habe, dem unser Vaterland so unumgrenzten Ruhm zuerkennt und der diese allgemeine Bewunderung mit der Verehrung seiner Freunde durch gleich große Vorzüge seines Charakters vereinigt, daß ich diesem edlen Manne auch durch Dankbarkeit verpflichtet bin, und, indem ich der angenehmen Obliegenheit mich entledige, Ihnen für die Güte, mit welcher Sie sich für meine kleinen Gesänge haben interessieren wollen, auf das Verbindlichste zu danken, ich zugleich die erwünschte Veranlassung habe, Ihnen die Gefühle meiner wärmsten Hochschätzung und Verehrung darzutun.« Ihren Schwager Georg Rühl bat sie, Subskribenten für sie aufzutreiben, und er wird nicht der einzige gewesen sein, an den sie ihre Anzeigen der Liedsammlung schickte. »Wir armen Frauenzimmer sind in dergleichen Dingen gar unbeholfene, einfältige Geschöpfe«, schrieb sie über die Schwierigkeiten bei der Herstellung ihrer zweiten Liedsammlung am 22. Mai 1794 an Bertuch. Das aber war nicht allein Koketterie und Wiederholung der bescheidenen Haltung der Ankündigungen, denn Corona Schröter begab sich mit ihren Veröffentlichungen auf ein noch ungewohntes Feld, das vorzugsweise Männern vorbehalten war. Um nicht von vornherein herablassend belächelt zu werden, nutzte sie gespielte Demut für die angestrebte Anerkennung. Daß ihre zweite Sammlung Lieder in italienischer und französischer Sprache enthielt, die nicht von allen beherrscht wurden, verschwieg sie möglichen Käufern. Corona Schröter war alles andere als unbedarft oder einfältig. In ihrer zweiten Liedsammlung vertonte sie kein Goethegedicht mehr. Die Trennung wirkte nach.

Anton Graff: Dame in weißem Atlaskleid, undatiert

»Es gönnten ihr die Musen jede Gunst,
Und die Natur erschuf in ihr die Kunst.«

Krankheit und Tod

Ilmenau, 1802

Von 1794 an beginnt sich Corona Schröters Spur zu verlieren. Bis 1802 liegt ihr Leben weitgehend im Dunkel. Ihr letztes Lebensjahrzehnt war von Krankheit geprägt. Erst ihr Tod ist wieder besser bezeugt. Die wenigen Stichworte, die für ihre letzten Jahre zusammenzutragen sind, lauten: Corona Schröter war bereits vor 1794 krank. Sie hatte sich nicht nur vom Hof zurückgezogen, weil ihre Stimme nachgelassen hatte. Ihre vom Gesang so lange überlastete Lunge war angegriffen. Goethe an Carl August von Weimar am 25. Januar 1781: »Die Crone hatte Stechen auf der Brust, das ihr sehr ungewohnt schien.« Die Krankheit wurde Auszehrung genannt: Tuberkulose. Um sie zu behandeln, wurden Corona Schröter Kuren empfohlen, doch sie reiste nicht gern. Schon die im Todesjahr ihres Bruders Johann Samuel Schröter 1788 vorbereitete Reise nach Karlsbad, die Schiller bei Körner angezeigt hatte, war unterblieben, ebenso ein Aufenthalt bei ihrer mit Georg Rühl verheirateten Schwester Maria Henriette, den sie ihr in einem Brief im Sommer 1788 angekündigt hatte. In ihm klingt ihre Enttäuschung an, nicht selbst verheiratet zu sein, und es taucht eine weitere Sorge ihrer letzten Jahre auf – die um den Vater. Dennoch ist es ein heiterer Brief, wie alle, die von Corona Schröter überliefert sind. »Ich bin zu aufrichtig, liebe Schwester, um Dir verhehlen zu können, daß es mir wenig empfindlich gewesen ist, die Nachricht von Deiner Verheiratung so lange vorher von ganz fremden Menschen erfahren zu müssen, ehe Du mir als deiner nächsten Verwandten und Freundin eine Silbe davon entdeckt hast. Doch da ich mir es einmal zum festen Grundsatz gemacht, die Menschen zu nehmen wie sie sind und nicht wie sie sein sollten, so habe ich Dir auch Deine Nachlässigkeit oder Faulheit – oder wie Du es genannt haben willst –, schon längst vergeben und wünsche Dir zu der Veränderung Deines Standes und zu Deiner Wahl aus schwesterlichem Herzen das beste und vollkommenste Glück und den reichlichen Segen des Himmels! Wie glücklich kannst Du Dich schätzen, daß Du an Deinem künftigen Gatten nicht nur einen hübschen, wie die Silhouette es zeigt, sondern auch einen rechtschaffenen Mann, wie jeder, der ihn kennt, von ihm rühmt, besitzen wirst. Empfiehl mich ihm bestens und bitte ihn um seine Freundschaft für mich. Wenn Deine Einladung, Dich in Darmstadt zu besuchen, nicht aufrichtig, sondern bloß Kompliment gewesen ist, so kommst Du übel an, liebe Marie, denn ich habe einen ernstlichen Plan gemacht, Dich diesen Herbst zu besuchen, wenn Du es also nicht gern siehst, so gib mir in Zeiten einen Wink davon. – Du hast doch dem Vater Deine Verheiratung auch bekannt gemacht? Vor kurzem schrieb er mir, daß er seit langer Zeit nichts von Dir erfahren hätte. Tue es ja, liebes Kind! Es würde ihn sonst zu sehr kränken, und es ist ja doch einmal unser Vater, dem wir in allen Fällen kindliche Pflicht zu leisten schuldig sind. Er möchte die Tante gern irgendwo als Haushälterin oder Wirtschafterin untergebracht haben, hier herum weiß ich keinen Platz für sie, solltest Du vielleicht Gelegenheit haben auf dem Lande herum oder sonstwo? Freilich wirst Du Dich so wie ich scheuen, sie in der Nähe bei Dir zu haben. Aber ich wünsche herzlich, daß man sie dem Vater vom Halse schaffen könnte, dem sie in allen Fällen zur Last sein muß, da er so wenig Einnahme hat. Schreib mir bald wieder, liebe Schwester, daraus will ich schließen, ob Du mich gern bei Dir sehen wirst. Du bist doch aber mit Deiner Wohnung so eingerichtet, daß ich Dir nicht zur Last bin? Denn wenn ich komme, so bringe ich meine Maler-Werkstatt mit, das sage ich Dir im voraus. Jetzt male ich nicht mehr in Pastell, sondern in Öl, und Du mußt mir versprechen, Dich und Deinen Mann von mir malen zu lassen, denn ich bin ziemlich glücklich im Treffen. – Lebe wohl, liebe Schwester. Nimm meinen herzlichen Segen nochmals für Dich und Deinen künftigen Mann und behalte lieb, wie ich Dich, Deine Corona Schröter. Weimar, 9. Juli 1788.«

Ihr Vater Johann Friedrich Schröter, auf den Corona Schröter nochmals in einem Brief vom 20. Juni 1794 zu sprechen kam, war im Alter völlig verarmt. Die Tante, die er bei sich aufgenommen hatte, hieß Amalia Vogel. Die Vermutung aber, Corona Schröter habe ihren Vater über Jahre unterstützt, ist nicht zu erhärten. Die 400 Reichstaler, die ihr jährlich ausbezahlt wurden, reichten gerade für sie selbst und ihren Haushalt. In ihrem Testament bedachte sie Johann Friedrich Schröter jedoch mit 800 Reichstalern. Ein Zusatz darin verpflichtete ihre Erbin Wilhelmine Probst indes zugleich, als Schutz vor der Habgier Amalia Vogels ihrem Vater nur den Pflichtteil auszuzahlen, falls er ihren letzten Willen anfechten sollte. Johann Friedrich Schröter erhielt das Legat. Er starb 1810 mit sechsundachtzig Jahren. Wann Corona Schröters Bruder Johann Heinrich umkam, ist nicht bekannt. Die Nachrichten aus seinem Leben brechen 1782 jäh ab. Maria Henriette, ihre Schwester, verstarb am 18. Mai 1834.

Der Brief an ihre Schwester vom 20. Juni 1794 ist eines der wenigen Zeugnisse zu Corona Schröter in den Jahren ihrer fortschreitenden Krankheit, und das einzige, in dem sie das Zeitgeschehen von Französischer Revolution und den nachfolgenden Kriegen gegen Frankreich anklingen läßt. Er macht deutlich, daß Corona Schröter die Verbindung zu ihrer Familie aufrechterhalten hat, mit der sie sich über Wichtiges austauschte, auch wenn aus den Besuchen nichts wurde. »Wenn Du mir nur wenigstens um 10 Meilen näher wohntest, liebe Schwester, so wäre es doch noch eher; wiewohl 20 Meilen auch schon eine sehr weite Ferne und für eine so reisescheue Dame, wie ich bin, ein abschreckendes Ding ist.« Von ihrer Krankheit aber schrieb sie ihrer Schwester auch in diesem zweiten Brief nichts. Lediglich in drei Briefen an Einsiedel vom 15. und 24. Juli 1793 und vom 30. Mai 1802 sprach sie über ihren sich verschlimmernden Husten. Die beiden Briefe von 1793 schrieb sie während eines Kuraufenthalts in Karlsbad. Ihre Krankheit war in diesem Jahr so weit fortgeschritten, daß sie die Reise diesmal antreten mußte. Der Brief von 1802 bezeugt einen Besuch in Jena. Zuvor aber hatte sie einen ernsten Zusammenbruch erlitten, der ihr nicht erlaubte, an der ersten öffentlichen Aufführung der *Iphigenie* am 15. Mai teilzunehmen. Danach verschlimmerte sich der Zustand Corona Schröters immer mehr. Bluthusten. Die Kosten für ihre Behandlung waren hoch, wie die Inventarliste ihres Nachlasses zeigt, die Wilhelmine Probst am 9. Januar 1803 abschloß. Betreut wurde Corona Schröter von den Ärzten Johann Christian Stark und Wilhelm Ernst Christian Huschke. Die Schulden bei ihnen beliefen sich laut Inventarliste auf 32 Taler, 12 Groschen bei Stark und 12 Taler bei Huschke. Für zwei Ilmenauer Ärzte standen 26 Taler, 12 Groschen und 26 Taler aus. Der Apotheke in Jena war sie 8 Taler schuldig geblieben. Nach Abzug aller Schulden Corona Schröters, des Legats für den Vater und eines Geldgeschenks für eine weitere Dienerin blieben Wilhelmine Probst 822 Reichstaler, 3 Pfennige. »Wovon das hiesige Waiseninstitut 24 Reichstaler 16 Groschen – Kollateralgeld verlangen kann.«

Daß Corona Schröter in ihren letzten Lebensjahren ganz nach Ilmenau zog, wie oft angenommen wurde, kann nicht belegt werden. Vielmehr zeigen vier in Weimar ausgestellte Vierteljahrsquittungen von Corona Schröter über jeweils 100 Taler, vom 20. Juni, 19. September und 18. Dezember 1799 sowie vom 4. April 1800, daß Corona Schröter zu dieser Zeit noch in Weimar wohnte, zumal sie am 6. März 1801 noch Gast bei Charlotte Schiller gewesen war, und Goethe den Besuch Corona Schröters für den 15. März 1801 bei der Teegesellschaft in seinem Tagebuch festhielt, über die sich Charlotte Schiller in ihrem Brief vom 18. März an Friedrich Schiller geäußert hat. Fest steht allein, daß Corona Schröter im Sommer 1802 nach Ilmenau gereist war, weil sie sich von Ilmenau eine Besserung ihres Hustens versprach. Sie wohnte zusammen mit Wilhelmine Probst in der Posthalterei. Eine Stube, ein Alkoven. Dem Inventarverzeichnis ihres Nachlasses zufolge hatte sie ihre Wohnung in Weimar behalten. Laut Testament waren an den Kaufmann Henniger für sie noch 55 Taler, 16 Groschen zu zahlen.

Johann Schulz: Corona Schröter, um 1798

In Weimar selbst war es still geworden um Corona Schröter. Schon bei der Aufführung der *Iphigenie* im Mai 1802 wurde sie nicht mehr vermißt. Einzig Johann Daniel Falk bedauerte in den *Kleinen Abhandlungen*, daß sie nicht dabei war. »Möge doch die gütige Göttin, die schon einmal so wunderbar sie rettete, auch diesmal die finstere Wolke des Todes, die, da ich dies schreibe, zur Trauer ihrer Freunde ihr Haupt umschwebt, gütig und hilfreich von demselben abwenden!« Sein Wunsch wurde nicht erfüllt. Am 19. August 1802 empfing Corona Schröter Besuch vom herzoglichen Amtsgericht in Ilmenau, um Wilhelmine Probst nahezu ihren gesamten Nachlaß zu vermachen. Die Schenkungsurkunde hatte sie vorbereitet. »Als habe ich ganz aus freiem Willen der genannten Demoiselle Probst mein sämtliches von Weimar hierher gebrachtes Mobiliar-Vermögen, am baren Gelde, Pretiosis, Kleidern, Wäsche, Betten und was sonsten darunter begriffen ist oder dazu gerechnet werden kann, auf den Todesfall dergestalt geschenkt, daß derselben dieses mein von Weimar mit hierher nach Ilmenau gebrachtes Mobiliar-Vermögen nach meinem dermal einstigen Ableben als völliges Eigentum zu- und anheim fallen soll und mag.« Nach Weimar zurückzukehren, dafür war sie bereits zu schwach. Am Abend des 23. August 1802 setzte sie ihr Testament auf. Sie starb noch in derselben Nacht in den Armen der Wilhelmine Probst. Am 26. August 1802 wurde sie um drei Uhr nachts fast heimlich in Ilmenau beerdigt. Niemand aus Weimar, auch Einsiedel nicht, nahm an ihrer Beisetzung teil.

Einsiedel überlebte Corona Schröter um viele Jahre. »Er kam mir immer«, so schilderte ihn ein Zeitgenosse in seinem Alter, »wenn ich ihn in seiner unvermeidlichen Kammerherrenuniform, etwas gebeugter Gestalt, noch raschen, trippelnden Ganges, sein schweres spanisches Rohr mit goldenem Knopf in der Hand, auf der Straße oder auf seinen einsamen Spaziergängen erblickte, wie ein in der Irre herumlaufendes, phantastisch aufgeputztes Kind vor, das seine Heimat sucht und sie nicht wiederfinden kann. Seinem länglichen, schmalen und hageren Gesicht war das Gepräge der äußersten Seelengüte aufgedrückt; ein stilles, friedliches Lächeln verklärte seine kindlichen, feingeschnittenen Züge; aus seinem blauen Auge sprach sein ganzes treues, wohlwollendes Herz. Zuweilen sah man ihn in seiner Verlassenheit auf einer Bank im Park sitzen, still vor sich hinblickend und mit seinem Stock sacht und nachdenklich in der Erde wühlend, als wolle er eine längst gestorbene Zeit aus ihrem Grabe ausscharren.« Ob er dabei an sie dachte? Friedrich Hildebrand von Einsiedel starb sechsundzwanzig Jahre nach Corona Schröters Begräbnis. Am selben Tag, dem 9. Juli 1828, wurde Herzog Carl August von Sachsen-Weimar bestattet. Im Jahr zuvor war Charlotte von Stein gestorben.

Einer wenigstens bedauerte 1802 das schlechte Begräbnis der guten Schröter, wie sich seine Schwester ihm gegenüber ausdrückte: Carl Ludwig von Knebel, der im August 1802 auf Reisen war. Schlecht meinte dabei aber nicht die Bestattung selbst, die 48 Taler, 16 Groschen, 6 Pfennige gekostet hatte. »Es ist sündlich«, schrieb Knebel am 18. Januar 1803 an seine Schwester, »wie man in Weimar mit den Toten umgeht. Über Personen, die wirkliche Verdienste für sich und die Gesellschaft hatten, habe ich acht Tage nach ihrem Tode auch nicht einen Laut mehr reden hören. Sie waren wirklich in Nichts übergegangen.« Einen Grabstein für Corona Schröter entwarf die junge Caroline Prinzessin zu Weimar, die aber nicht genannt sein wollte. Sie schlug einen hübschen Leichenstein mit anständiger Inschrift vor und fertigte eine Zeichnung, die eine Harfe, einen Lorbeerkranz, Schmetterling und Tränenkrug zeigte. Knebel fand sie allerliebst, voll Anmut, Sinn und Verstand, wollte jedoch den Lorbeerkranz durch einen Lorbeerzweig ersetzen, da diese auch auf antiken Grabmälern zu finden seien. Ob der Grabstein so gesetzt wurde, ist jedoch fraglich. Nach Angaben eines Besuchers, der im Jahr 1844 eine bereits zersprungene und verwitterte Grabplatte sah, zeigte sie, kaum noch erkennbar, eine verlöschende Fackel, eine Leier, einen Schmetterling, einen Kranz. Der Name war falsch geschrieben. Schröder statt Schröter. Die zerstörte Grabplatte ist verloren.

Wenige Tage nach der Beerdigung kehrte Wilhelmine Probst nach Weimar zurück. Am 27. August war Corona Schröters Wohnung versiegelt worden, und ihr Hauswirt hatte die Schlüssel zur Wohnung in Verwahrung gegeben. Als Wilhelmine Probst eintraf, ist die Wohnung noch einmal geöffnet, und die Stube, die ihr gehörte, freigegeben worden. Die eigentliche Wohnung wurde erst Wochen später entsiegelt und Wilhelmine Probst übergeben. Am Tag nach ihrer Ankunft, am 28. August 1802, Goethes Geburtstag, erschien eine Todesanzeige, die Wilhelmine Probst in das *Weimarische Wochenblatt* Nr. 69 einrücken ließ. »Todesfall. Demoiselle Corona Schröter starb sanft zu Ilmenau den 23. August 1802 an den Folgen einer auszehrenden Krankheit. Allen Verwandten und Freunden der Verblichenen mache ich diesen für mich höchst schmerzlichen Todesfall hierdurch unter Verbittung aller Beileidsbezeigung schuldigst bekannt. Wilhelmine Probst.« Goethe selbst äußerte sich mehr als zwanzig Jahre später kühl zu Corona Schröters Tod. »Indes nun auf unserer Bühne die Kunst in jugendlich lebendiger Tätigkeit fortblühte, ereignete sich ein Todesfall, dessen zu erwähnen ich für Pflicht halte«, schrieb er in den *Tag- und Jahresheften als Ergänzung meiner sonstigen Bekenntnisse*. »Corona Schröter starb, und da ich mich gerade nicht in der Verfassung fühlte, ihr ein wohlverdientes Denkmal zu widmen, so schien es mir angenehm wunderbar, daß ich ihr vor so viel Jahren ein Andenken stiftete, daß ich jetzt charakteristischer nicht zu errichten gewußt hätte. Es war ebenmäßig bei einem Todesfalle, bei dem Abscheiden Miedings des Theaterdekorateurs, daß in ernster Heiterkeit der schönen Freundin gedacht wurde. Gar wohl erinnere ich mich des Trauergedichts, auf schwarz gerändertem Papier für das Tiefurter

Journal reinlichst abgeschrieben. Doch für Coronen war es keine Vorbedeutung; ihre schöne Gestalt, ihr munterer Geist erhielten sich noch lange Jahre; sie hätte wohl noch länger in der Nähe einer Welt bleiben sollen, aus der sie sich zurückgezogen hatte.« Jahre zuvor aber, als ihn Alexander von der Marwitz auf Corona Schröter ansprach, hatte Goethe offen gezeigt, was er zu ihrem Tod empfand. »Ich erinnerte ihn an die Corona; er sprach über sie, ihr Talent, ihre ausdrucksvolle Schönheit lang, aber ganz still, mit tiefer zurückgedrängter Rührung.«

Corona Schröter wurde einundfünfzig Jahre alt. Im Sterbeprotokoll Nr. 37 des Ilmenauer Kirchenbuchs von 1802 wurde ihr Tod mit falschem Namen, Geburtsort und Alter verzeichnet: »Demoiselle Corona Wilhelmine Schröder gewesene Hofsängerin zu Weimar, geboren in Warschau in Pohlen, Herrn Schröders, itzt Hoch-Fürstlichen Cammer Musicus zu Cassel eheliche Tochter starb den 23. August an d. Auszehrung und wurde d. 26 ej. früh beerdigt, alt ungefähr 48 Jahre.« Und auch Johann Daniel Falk irrte, als er im *Taschenbuch der Liebe und Freundschaft gewidmet* 1807 schrieb: »Sie starb zu Ilmenau, wohin sie, um das Bad zu gebrauchen und sich durch die frische Gebirgsluft zu stärken, eine Reise machte, im August 1802 in ihrem 47sten Lebensjahre.« Seine *Erinnerungen* schloß er mit einem *Nachruf an Corona Schröter:*

Bist du auch vorangegangen
In das Schattenland?
Dort, wo Sehnsucht und Verlangen
Jeden Wunsch verbannt.

Täglich steh' ich hier am Fenster,
Und mein Auge schaut,
Ob kein Fenster sich eröffnet
Meinem Klagelaut.

Leuchtet mir herein der Morgen:
Hell den Blick und klar,
Tret' ich betend zu der Musen
Ewigem Altar.

Ja, das schönste Glück des Lebens
Ist ein frohes Lied,
Das dem Dichter einer Musen
Göttergunst beschied.

Oft erhören mich die Guten:
Dunklem Gram entrückt
Ist es ihre holde Gabe,
Welche mich entzückt.

Doch es fehlt Corona Schröter,
Aller Anmut reich,
Freundin mir und heitre Muse,
Beides mir zugleich:

Die ich liebte, die ich ehrte,
Warm aus treuer Brust,
Mehr als ich und sie es selber
Lebend einst gewußt:

Bis ein Tag, der ihr auf ewig
Beide Lippen schloß,
Mir die meinen unversieglich,
Und zur Klag' erschloß.

So an ihres Hauses Schwelle
Klingt die Tür mir oft:

Hab' ich doch, du müßtest rufen,
Hinter mir gehofft.

An dem Markt entbrennen Lampen,
Milden Abendscheins:
Licht umstrahlt ein jedes Fenster:
Dunkel nur ist deins.

Wo zurück im stillen Erker
Du dein Bild mir rufst,
Wann du stetig Frauenwerke
Mit der Nadel schufst.

Bald ein Liedchen zur Guitarre
Oder Zitter sangst,
Und die Leinwand, daß sie atme,
Mit dem Pinsel zwangst.

Ach! du wohnst entfernt vom Lichte
In dem sichern Port,
Und dein Freund am Markt des Lebens
Trauert einsam fort.

Unerbittlich, falscher Orkus,
Den kein Flehn gewann:
Nimm, statt der entrißnen Freundin,
Mich zum Opfer an.

Ja, Corona, deine Stimme
Hör' ich überall,
An der Ilme stillen Krümmung,
An dem Wasserfall.

Hier, wo Du mir oft begegnet,
Wenn die tiefe Stadt,
Eingeschneit und eingeregnet,
Winterfrost verbarg.

Such' ich deine lieben Schritte:
Suche spät und früh;
Auch in meine stille Wohnung
Kehrst hinfort du nie.

Sonst hab' ich dich oft vernommen:
Mit der Kerzen Glanz
Öffnetest du leis' die Pforten
Schenktest dich mir ganz.

Hobest deinen weißen Schleier,
saßest neben mir:
Heiliger Begeist'rung Feuer
Sprach ein Gott aus dir.

Andre Tritte hör' ich klingen;
Klopfen an die Tür.
Andre Freunde bringen Kunde,
Aber nie von dir.

Denn seitdem du mir entrissen
Und dich deckt die Gruft,
Schafft die Sehnsucht meinen Küssen
Nur ein Bild aus Luft.

Ach, du bist vorangegangen
In das Schattenland,

Wo die Sehnsucht und Verlangen
Jeden Wunsch verbannt.

Und so werdet All Ihr gehen
Wieland und mein Goethe Du:
Soll ich denn allein hier stehen?
Nein, die Ahnung ruft mir zu:

Ja ich folg' Euch: jung an Jahren
Nehmt Ihr mit mich ins Geleit:
Teilt den Lorbeer in der Haaren,
Teilt mit mir das Sterbekleid.

Corona Elisabeth Wilhelmine Schröter, 1751 bis 1802. Sängerin, Schauspielerin, Freundin Goethes, die erste Darstellerin seiner Iphigenie. Ein Gipsabguß ihrer Hand ist geblieben, Porträts, Selbstbildnisse in Öl, mit Pastellkreide oder mit Silberstift ausgeführt, einige ihrer Kreidezeichnungen und Zeichnungen mit dem Pinsel, ein Gedicht Goethes, in dem er Corona Schröter nennt, einige ihrer Briefe, einer Goethes an sie, keiner der ihren an ihn, einige ihrer Kompositionen – mehr nicht.

Fünf und Zwanzig
Lieder.

In Musik gesezt

von

Corona Schröter.

Weimar 1786.

Annoch bey mir selbst, und in Commission in der Hoffmannischen Buchhandlung.

Register.

I. Lied der Morgenröthe.

Gefällig.

Ihre süße
Himmelsküße,
Mit Ambrosia gespeist:
Wer sie küsset,
Der geniesset
Necktarthau und Göttergeist.

Schlank, wie Reben
Aufwärts schweben,
Schwebt ihr Schwanenwuchs hinan:
Wie die ferne
Morgensterne,
Glänzet mich ihr Auge an.

Ihren schönen
Zarten Tönen
Horcht und schweigt die Nachtigall:
Hain und Bäume
Stehn wie Träume,
Am verstummten Wasserfall.

Blumen sprossen
Hingegossen,
Wo ihr zarter Tritt geschwebt:
Amoretten
Winden Ketten,
Wo sie spricht, und liebt, und lebt.

Alle Leiden
Werden Freuden,
Täglich ihren Blick zu sehn:
Um sie scherzen,
In ihr Herzen
Tugenden und Grazien.

Aus den Volksliedern.

II. Aufmunterung zur Freude.

Munter, doch nicht geschwind.

Noch rinnt und rauscht die Wiesenquelle;
Noch ist die Laube kühl und grün;
Noch scheint der liebe Mond so helle,
Wie er durch Adams Bäume schien.
Noch macht der Saft der Purpurtraube,
Des Menschen krankes Herz gesund;
Noch schmecket in der Abendlaube,
Der Kuß auf einen rothen Mund.

Noch tönt der Busch voll Nachtigallen,
Dem Jüngling hohe Wonne zu;
Noch strömt, wenn ihre Lieder schallen,
Selbst in zerrißne Seelen Ruh.
O wunderschön ist Gottes Erde,
Und werth, darauf vergnügt zu seyn:
Drum will ich, bis ich Asche werde,
Mich dieser schönen Erde freun.

Hölty.

III. An Laura.

Still verweinte Thränen
Keine Seele sieht;
Flöhe doch mein Leben
Wie ein Seufzer flieht.

Schmölz' es wie die Zähre,
Die dem Aug' entschleicht:
Aller Klagen Ende
Wäre dann erreicht.

Sterbend wird bedauren
Meine Freundinn mich.
Und bey meinem Grabe
Weinen sicherlich.

Denn mit lieben Herzen
Hat sie mich geliebt,
Ob sie gleich mit Zürnen,
Oft mich hart betrübt.

Milder und versöhnet
Wird ihr strenger Sinn,
Wann ich armer Knabe
Einst gestorben bin.

IV. An den Mond.

Daß ich meiner trüben Seele,
Flehe Trost von dir herab; —
Bald nützt milden Thaues Balsam
Nimmer mir, im frühen Grab!

Sey mir Bild, und hohes Deuten,
Meines Erdewallens hier;
Werd' ich jene Nebelhüllen
Auch durchgleiten — ähnlich Dir?

Werd ich über Wolken wallen?
Nicht wie Wolken, einst verwehn?
Soll ich Staub — ein Staub der Erde,
Ewig mich, gleich Welten drehn?

Doch es bleibe unentfaltet
Jener Schleyer meinem Blick;
Mögte hier ein Stral des Hoffens
Sanft entdämmern mein Geschick!

Wüßt' ich Fanny, ob Dein Auge
Je mir holder lächeln wird? —
Jahre schon um Gegenliebe
Seufzend, meine Bitte girrt!

Sollen Thränen nie vertrocknen,
Milder Trost mir werden nie?
Soll der Leiden steter Kummer,
Mich zu Grabe tragen früh?

Wohl! auch sterbend will ich lieben
Noch dein unerbittlich Herz:
Eine Zähre, mitleidsvoller,
Weinst du dann in stillem Schmerz.

Sprichst: „Hier ruht ein treuer Schatten,
„Ach! daß er noch mein gedenkt
„Sonder Zürnen, da ich grausam
„Ihn so lang — so hart gekränkt!„

Bringst von Rosen und Cypressen,
Dann der Sterbekränze zwey;
Rosen, meine Liebe deutend,
Und Cypressen, deine Reu.

V. Der Brautschmuck.

In sanfter Bewegung.

Die Ehre sollt ihr Hütchen seyn,
Das rings ihr Haupt bedeckt;
Umfasset mit der Vorsicht Band,
Mit Freyheit schön besteckt.

Ihr Wämschen schlanke Mäßigkeit,
Und Zucht und feste Treu.
In dem der frischen Glieder Wuchs,
Ein sanfter Palmbaum sey.

Beständigkeit ihr Gürtel sey,
Tag täglich neu und schön:
Ihr Mäntelchen Demüthigkeit,
Der Lust zu widerstehn.

Die Leinwand die den zarten Bau
Der Glieder rings umschließt;
Sey Unschuld, wie sie um die Brust,
Der keuschen Taube fließt.

Ihr Röckchen sey von Artigkeit,
Und Würde schön gewebt;
Wo Anstand und Bescheidenheit,
In jeder Welle schwebt.

Ihr Halsband sey ein Perlenschmuck,
Dem Herzen selbst bewußt;
Der Liebe schönste Rose, blüh
Auf ihrer Mutter Brust.

Umgeben mit der Hoffnung grün,
Und stiller Veilchen Pracht;
Wo mir ein klein Vergiß mein nicht,
Aus Mayenblümchen lacht.

Und unter ihnen ziehe sanft
Der Schleife Band sich zu;
Und berg' in ihren Busen zart,
Gelassenheit und Ruh.

Des Fleisses und der Güte Netz,
Umwebe ihre Hand;
Der falschen Nadel sey ein Helm
Von Golde, Widerstand.

So binde sie mit Huld und Schaam,
Der Kniee Brautband sich;
Und wandle, wie ein Engel schön,
Beglückend sich und mich.

Aus den Volksliedern.

VI. Der kurze Frühling.

Warnend.

Frühling währt nicht immer, Mädchen,
Frühling währt nicht immer.
Leicht entfliegen unsre Jahre,
Und mit räuberischen Flügel
Kommen unser Mahl zu stören,
Sie, Harpyen, wieder.

Frühling währt nicht immer, Mädchen,
Frühling währt nicht immer.
Wenn ihr glaubt, daß Lebensglocke
Euch den Morgen noch verkündet,
Ist es schon die Abendglocke,
Die die Freud' euch endet.

Frühling währt nicht immer, Mädchen,
Frühling währt nicht immer.
Freut euch, weil ihr freun euch könnet,
Liebet, weil man euch noch liebet,
Eh' das Alter eure goldnen
Haare schnell versilbert.

VII. Klage.

Schwermüthig.

Wie mir das Leben
Eilends entrollt!
Nimmer sich weben
Tage von Gold.

Mich kann nicht lezen
Sonniger Stral;
Nimmer ergözen
Dämmerndes Thal.

Abend und Morgen
Bringen mir Schmerz;
Dauernde Sorgen
Nagen mein Herz.

Thränen und Leiden
Hölen mein Grab;
Mögt ich bald scheiden!
Sinken hinab.

VIII. Der Eistanz.

Frölich, doch nicht zu geschwind.

Wer wölbte dich oben, du goldenes Haus?
Und legte den Boden mit Demant uns aus?
Und gab uns den flüchtigen Funken im Stahl?
Zu tanzen, zu schweben im himmlischen Saal.
So schweben wir, Brüder, mit frölichem Sinn,
Im himmlischen Saale das Leben dahin.

Da stand sie, die Sonne, in Düfte gehüllt!
Da rauchen die Berge, da schwebet ihr Bild!
Da gieng sie danieder, und siehe, der Mond
Wie silbern er über und unter uns wohnt.
So wallen wir, Brüder, mit frölichem Sinn,
Durch Mond und durch Sonne das Leben dahin.

Seht auf nun, da brennen im himmlischen Meer
Die Funken, und brennen im Frost um uns her.
Der oben den Himmel mit Sonnen besteckt,
Hats unten mit Blumen des Frostes gedeckt.
Wir gleiten, o Brüder, mit frölichem Sinn,
Auf Sternengefilden das Leben dahin.

Er macht uns geräumig den luftigen Saal,
Und gab uns in Nöthen die Füße von Stahl,
Und gab uns im Froste das wärmende Herz,
Zu stehn auf den Fluthen, zu schweben im Scherz.
Wir schweben, o Brüder, mit ehernem Sinn,
Auf Fluthen und Abgrund das Leben dahin.

Aus den Volksliedern.

IX.

Zärtlich, doch nicht ganz langsam.

Wann der Lerche Lied
Am frühen Morgen schwirrt,
Mein Fuß dich suchend irrt,
Mein Herz nach deinem girrt!
Wann der Lerche Lied
Am frühen Morgen schwirrt.

Oft der Abendstern
Sah weinen meinen Schmerz;
Wenn du bey Spiel und Scherz
Vergaßt mein liebend Herz.
Oft der Abendstern
Sah weinen meinen Schmerz.

Manchen langen Tag,
Und manche lange Nacht,
Hab ich an dich gedacht,
Hab ich um dich durchwacht.
Langer, langer Tag,
O lange, lange Nacht!

X. Die Drey Fragen.

Munter und entschlossen.

Wer antwort't mir der Fragen Drey,
Zu wissen, welche die Meine sey?

„Leg vor, leg vor die Fragen Drey,
Zu wissen, welch' die deine sey?

„O was ist länger als der Weg daher?
Oder was ist tiefer, als das tiefe Meer?

Oder was ist lauter, als das laute Horn?
Oder was ist schärfer, als der scharfe Dorn?

Oder was ist grüner, als grünes Gras?
Oder was ist schlimmer, als ein Weibsbild was?„

Die Erste, die Zweyte, sie sannen nach,
Die Dritte, die Jüngste, die Schönste sprach:

„O Liebe ist länger, als der Weg daher,
Und Höll ist tiefer, als das tiefe Meer.

Und Donner ist lauter, als das laute Horn,
Und Hunger ist schärfer, als der scharfe Dorn.

Und Gift ist grüner, als das grüne Gras,
Und der Teufel ist ärger, als ein Weibsbild was.,

Kaum hat sie die Fragen beantwort't so,
Der Ritter, er eilt, und wählt sie froh.

Die Erste, die Zweyte, sie sannen nach,
Indeß ihn'n jetzt ein Freyer gebrach.

Drum liebe Mädchen, seyd auf der Hut,
Frägt euch ein Freyer, antwortet gut.

Aus den Volksliedern.

XI. Das Mädchen am Ufer.

„Ein Jahr nun hin, und drüber!
Ein Jahr voll bitterm Weh!
O warum gingst du, Lieber,
Und trautest dich der See?
Hör auf, hör auf zu toben,
O Sturm, und gönn' ihm Ruh!
Hier in der Brust das Toben,
Ach! wüthet mehr als du.

Der Kaufmann schätzegierig,
Verzweifelnd flucht er dir;
Was ist verlieren Schätze,
Zu dem, was ich verlier'?
Und würfst du ihn auf Küsten
Von Geld und Demant schwer;
Ein' Reich're kann er finden,
Ein' Treu're nimmermehr."

So seufzend, weinend lag sie,
Erharrend ihn zu sehn.
In jeden Sturm floß Seufzen,
In jede Wog' eine Thrän';
Als schnell auf weißen Wellen
Ein blasser Leichnam schwamm,
Tod sank auf ihn das Mädchen,
Es war — ihr Bräutigam.

Aus den Volksliedern.

XII. Die Silberquelle.

In sanfter Bewegung.

Und als sie seinen Durst gestillt
Mit ihrem süßen Trank;
Und neu belebt, und Krafterfüllt
Er ihr zu Füßen sank;
Da schlief er ein, und ohne Dank
Trug ihn hinweg ein loser Gang.

O Mädchen, wie die Quelle rein,
Unschuldig, frisch und schön,
Ach! laß es nie dein Schicksal seyn,
Laß nie dirs also gehn,
Daß wenn du andere erfreust,
Du selbst dir Thränen=Quelle seyst.

Aus den Volksliedern.

XIII. Braut-Lied.

Unschuldig, und etwas langsam.

Ich hab gesponnen gnug weißes Fläcḧschen,
Hab gnug gewirket das feine Linnchen.

Hab gnug gescheuert die weißen Tischchen,
Hab gnug gefeget die grünen Höfchen.

Hab gnug gehorchet der lieben Mutter,
Muß nun auch horchen der lieben Schwieger.

Hab gnug geharket das Gras der Auen,
Hab gnug getragen den weißen Harken.

O! du mein Kränzchen von grüner Raute,
Wirst nicht lang grünen auf meinem Haupte!

Ihr meine Flechtchen von grüner Seide,
Sollt nicht mehr funkeln im Sonnenscheine.

O! du mein Härlein, mein gelbes Härlein
Wirst nicht mehr flattern im wehenden Winde.

Besuchen werd ich die liebe Mutter,
Nicht mehr im Kranze, sondern im Häubchen.

O! du mein Häubchen, mein feines Häubchen,
Du wirst noch schallen im wehenden Winde.

Und du mein Nähzeug, mein buntes Nähzeug,
Du wirst noch schimmern im Mondenscheine.

Ihr meine Flechtchen von grüner Seide,
Ihr werdet hangen mir Thränen machen.

Ihr meine Ringchen, ihr goldne Ringchen
Ihr werdet liegen, im Kasten rosten.

XIV. Die Liebe.

Mit Begeisterung, doch nicht zu geschwind.

Schöner lächelt der Hain, silberner schwebt der Mond,
Und der ganze Olymp fleußt auf die Erd' herab,
Wann die Liebe den Jüngling
Durch die einsamen Büsche führt.

Wann ihr goldner Stab winket, beflügelt sich
Jede Seele mit Glut, schwingt sich den Sternen zu,
Schwebt durch Engelgefilde,
Trinkt aus Bächen der Seraphim.

Weilt, und trinket, und weilt, schwanket im Labyrinth,
Eine reinere Luft athmet von Gottes Stahl
Ihr entgegen, und weht sie,
Gleich dem Säuseln Jehova's an.

Selten winket ihr Stab, selten enthüllet sie
Sich den Söhnen des Staubs. Ach! sie verkennen Dich,
Ach! sie hüllen der Wollust
Deinen heiligen Schleyer um!

Mir erschienest du, mir, höheren Glanzes voll,
Wie dein Sokrates dich, wie dich dein Plato sah;
Wie du jenem im Thale
Seiner Quelle begegnetest.

Eine Nachtigall flog, als ich mein erstes Lied,
Süsse Liebe dir sang, flötend um mich herum;
Und es taumelten Blüthen
Auf mein lispelndes Spiel herab.

Erd und Himmel entflieht sterbenden Heiligen,
Lebensblüthengeruch strömet um sie herum,
Engelfittige rauschen,
Und die goldene Krone winkt.

Erd und Himmel entfloh, als ich dich Daphne sah;
Als dein purpurner Mund schüchtern mir lächelte;
Als dein athmender Busen
Meinen Blicken entgegen flog.

Unbekanntes Gefühl bebte zum erstenmal
Durch mein jugendlich Herz! Froh wie Anakreon,
Goß ich Flammen der Seele
In mein zitterndes Saitenspiel.

Seit ich Daphnen erblickt, raucht kein vergoßnes
Blut durch meinen Gesang, spend' ich den Königen
Keinen schmeichelnden Lorber;
Sing ich Mädchen und Mädchenkuß.

Hölty.

XV. Der Wassermann.

In mäsiger Bewegung und abentheuerlich.

Sie kleidet' ihn an zum Ritter fein,
So ritt er Marienkirchhof hinein.

Er band sein Pferd an die Kirchenthür,
Er gieng um die Kirch dreymal, und vier.

Der Wassermann in die Kirch gieng ein,
Sie kamen um ihn, groß und klein.

Der Priester eben stand vorm Altar:
„Was kommt für ein blanker Ritter dar?„

Das schöne Mädchen dacht in sich:
„O wär der blanke Ritter für mich!„

Er trat über einen Stuhl und zwei:
„O Mädchen gieb mir Wort und Treu.„

Er trat über Stühle drey, und vier:
„O schönes Mädchen zieh mit mir.„

Das schöne Mädchen die Hand ihm reicht:
„Hier hast meine Treu, ich folg dir leicht.„

Sie giengen hinaus mit Hochzeitschaar,
Sie tanzten freudig, und ohn' Gefahr.

Sie tanzten nieder bis an den Strand,
Sie waren allein jetzt Hand in Hand.

„Halt, schönes Mädchen, das Roß mir hier!
Das niedlichste Schiffchen bring ich dir.„

Und als sie kamen auf'n weissen Sand,
Da kehrten sich alle Schiffe zu Land.

Und als sie kamen auf den Sund,
Das schöne Mädchen sank zu Grund.

Noch lange hörten am Lande sie,
Wie das schöne Mädchen im Wasser schrie.

Ich rath euch Jungfern, was ich kann,
Geht nicht zu Tanz mit dem Wassermann.

Aus den Volksliedern.

XVI. Amor und Bachus.

Mit Munterkeit, doch nicht zu geschwind.

Amor, und der Gott der Freude,
Sehn einander, kommen beyde
Aus dem Schwarm hervorgerannt.
Amor schwingt den goldnen Köcher,
Bachus den bekränzten Becher,
Beyde schlagen in die Hand.

Bachus.

Amor, dich, mein schöner Knabe,
Küß' ich — küß' ich — komm und labe
Dich mit diesem Becher Wein.
O wie deine Lippen fliessen,
Voll Entzückung von dem süssen
Honigsüssen Cyperwein.

Amor.

Bachus mit dem Thyrsusstabe,
Hochgekrönter Götterknabe,
Heute wollen wir uns freun!
Laß mich dich, mein Bachus küssen,
Laß die Wollust in dich fliessen,
Süsser wie dein Cyperwein!

Bachus.

Knabe mit den goldnen Pfeilen,
Willst mein stolzes Herz zertheilen?
Ha! es schwillt in süsser Pein!
Amor! Amor! deine Küsse,
Knabe Amor! brennen süsse,
Süsser wie mein Cyperwein!

Amor.

Singet, goldgelockte Schönen!
Lasset Liebesharfen tönen!
Schenkt dem braven Bachus ein!
Tanzet um ihn Liebestänze!
Schlinget um ihn Blumenkränze!
Bachus soll heut Amor seyn!

Bachus.

Jauchzet, taumelnde Mänaden!
Schlagt die Trommel, ihr Thyaden!
Schenkt dem süssen Amor ein!
Hüpfet um ihn Ringeltänze!
Windet um ihn Epheukränze!
Amor soll heut Bachus seyn!

Miller.

XVII. Der Erlkönig.

Etwas langsam und abentheuerlich.

Mein Sohn was birgst du so bang dein Gesicht? —
Siehst Vater du den Erlkönig nicht?
Den Erlenkönig mit Kron und Schweif? —
Mein Sohn es ist ein Nebelstreif. —

Du liebes Kind, komm' geh' mit mir,
Gar schöne Spiele spiel' ich mit dir,
Manch' bunte Blumen sind an dem Strand,
Meine Mutter hat manch gülden Gewand. —

Mein Vater, mein Vater, und hörest du nicht
Was Erlenkönig mir leise verspricht? —
Sey ruhig, bleibe ruhig Kind,
In dürren Blättern säuselt der Wind. —

Willst feiner Knabe du mit mir gehn?
Meine Töchter sollen dich warten schön,
Meine Töchter führen den nächtlichen Reihn,
Und wiegen und tanzen und singen dich ein. —

Mein Vater, mein Vater, und siehst du nicht dort
Erlkönigs Töchter am düstern Ort? —
Mein Sohn, mein Sohn, ich seh' es genau,
Es scheinen die alten Weiden so grau.

Ich liebe dich, mich reizt deine schöne Gestalt,
Und bist du nicht willig, so brauch ich Gewalt! —
Mein Vater, mein Vater, jezt faßt er mich an!
Erlkönig hat mir ein Leids gethan.

Dem Vater grauset's, er reitet geschwind,
Er hält in Armen das ächzende Kind;
Erreicht den Hof mit Müh und Noth;
In seinen Armen das Kind war tod.

Göthe.

XVIII. Amor im Tanz.

Munter, doch nicht zu geschwind.

Wisset aber, daß sich hab'
Hier auch eingestellt
Amor, der berühmte Knab'
Auf der weiten Welt:
Amor, der viel Possen macht,
Und sich nur ergötzt,
Wenn er euch in Leid gebracht
Und in Noth gesetzt.

Er wird wanken hin und her,
Nehmet seiner wahr!
In den Augen ohngefähr
Wird er offenbar,
Drinnen der geschwinde Schütz
Seinen Bogen spannt,
Und euch, wie der schnelle Blitz
Trifft, gar unbekannt.

Auf den Lippen wird er oft
Auch zu finden seyn,
Und sich bey euch unverhoft,
Heimlich schleichen ein.
Durch der Worte Süssigkeit
Hat er seine Lust,
Euch zu stürzen nur in Leid,
Schlau, und unbewußt.

Händedrücken keiner trau!
Er ists, der es thut;
Er verbirgt sich so genau,
Quälet manches Blut,
Das in Hoffnung wird geführt,
Einer schönen Gunst,
Die doch nicht die Hand gerührt
Es war Amors Kunst.

So er nun durch seine Pfeil'
Euch verliebt gemacht,
Wird er lachen; und ich eil'
Geben gute Nacht,
Sehet zu, wie? wo? und wann
Ihr dann Hülfe kriegt?
Der wird übel seyn daran,
Der verwundet liegt.

Aus den Volksliedern.

In sanfter Bewegung.

XIX. An einer Freundin Geburtstag.

Ich gebe, was dir längst gehört,
Mein Herz, zu eigen dir.
Das Glück, das deine Wonne mehrt,
Ist Glück und Wonne mir.

Ich freue dieses Tages mich,
Weil er dich einst mir gab,
Und liebe, holde Freundin, dich
Gewiß bis in das Grab.

C. R.

XX. Liedchen der Sehnsucht.

Schmachtend.

Kein' Speis' und Trank mir Lust noch Nahrung geit,
Kein Kurzweil ist, die mir mein Herz erfreut;
Das schafft allein, die mir im Herzen leit;

Kein G'sellschafft ich nicht mehr besuchen mag,
Ganz einzig sitz in Unmuth Nacht und Tag;
Das schafft allein, die ich im Herzen trag!

In Zuversicht allein gen ihr ich hang',
Und hoff, sie soll mich nicht verlassen lang;
Sonst fiel ich g'wiß ins bittern Todeszwang.

Aus den Volksliedern.

XXI. Der Winter.

Muthig, doch nicht zu geschwind.

Meinst du ich würde, Wölfen gleich,
Mit Heulen dich empfahn?
Nein, nein! — ich liebe deine Pracht
Auf rauher Silberbahn.

Zu Bergen thürme sich empor
Der Flocken Wolcken Heer,
Es starre, rund um mich, die Welt,
In ihrem Panzer schwer;

Ich acht' es wenig, wohl bey Muth,
Lach' ich ob deiner Macht,
Und bliese siebenfacher Nord
Mich an, in schwarzer Nacht.

Mir duftet Frühling mild und grün,
Ich athme Sonnenglut;
Und rege Geister tummeln sich
In meinem heissen Blut.

Denn wo Sie wallt, ist Rosenmond,
Und ew'ge Blüthen blühn —
Was soll mir ferner Sonnenstral.
Wo Fannys Augen glühn!

XXII. An eine Blume.

Munter, doch nicht zu geschwind.

Daß die Bienen so oft dich küssen,
Daß die Kranken dich preisen müssen,
Und die Aerzte dich heilsam nennen,
Mag mein Röschen gern bekennen.

Denn in allen denselben Sachen,
Kann ihr' Herrlichkeit dich verlachen.
Unter Blumen ist nicht deins gleichen,
Was geschaffen ist, muß ihr weichen.

Deine Kleider vergehen schleunig,
Deine Farben, die nützen wenig,
Deine Kräfte sind zum verderben,
Vielmals helfen sie auch zum Sterben.

Was hilft liebliches ohne Sprechen?
Was sind Blumen, die leicht zerbrechen?
Was ist Zierde, die nicht kann singen,
Nicht wie Röschen das Herz bezwingen.

Was am Himmel ist schön zu finden,
Was die Blumen kann überwinden,
Was der Nachtigall Kunst nicht weichet,
Was der Perlengestalt sich gleichet.

Was mit Freundlichkeit ist begabet,
Was durch Tugend das Herz erlabet,
Was dem Schönsten den Preis benommen,
Das macht Röschen ganz vollkommen.

Aus den Volksliedern.

XXIII. Das Mädchen am Ufer.

Klagend, doch nicht zu langsam.

„Mein Lieber, er blühte am Herzen mir hier,
„War frisch wie die Welle, war lieblicher mir
„Als Zephir; o Zephir, wo fliehest du hin?
„O Blume der Liebe, du mußtest verblühn„!

Vom Busen, vom Herzen riß ab sie den Straus,
Und seufzet und weinet die Seele sich aus.
Was weinst in die Welle? was seufzest in Wind?
O Mädchen, Wind, Welle und Leben zerrinnt.

Der Strom kommt nicht wieder, der Westwind verweht,
Die Blume verwelket, die Jugend vergeht,
Gieb Mädchen, die Blume dem Strome, dem West;
Es ist ja nicht Liebe, wem Liebe verläßt.

Aus den Volksliedern.

XXIV. Die Wachtel.

In mäßiger Bewegung.

Fähret der Landmann frühmorgens ins Feld,
Grüß dich Gott!
Grüß dich Gott!
Von ihr den Gruß schön erhält.
Sucht mit ihrem annehmlichen Schlag',
Dem Feldarbeiter zu mildern den Tag;
Ist sie von Singen und Schwingen ermat't,
Gute Nacht!
Gute Nacht!
Ruft sie, so bald es wird spat.

Kommen die Schnitter, so ruft sie ganz keck:
Tritt mich nicht!
Tritt mich nicht!
Sich ganz zur Erde darstreckt.
Fliegt von geschnittenen Feldern hintan,
Weil sie verbergen sich nimmermehr kan;
Sagt auch, sie finde kein Speis' mehr darinn,
Taugt mir nicht!
Taugt mir nicht!
Sagt sie, und flieget dahin.

Ist nun die Erndte schon völlig vorbey,
Harte Zeit!
Harte Zeit!
Kömmt bald der Winter herbey.
Fliegt von unserm Lande fort,
Sucht einen schönern, annehmlichern Ort,
Und wünscht dem Lande zum leztenmal,
Behüt' dich Gott!
Behüt' dich Gott!
Ruft sie, und flieget davon.

Ist nun die Wachtel so dankbar und sagt:
Alles von Gott!
Alles von Gott!
Der uns die Früchte hat gemacht;
So laß, dankloser Mensch! dies Vögelein,
Dir zum Lehrstück und Exempel seyn;
Und mach, daß Herz und Mund voll Dank aufsingt:
Gott sey Dank!
Gott sey Dank!
Der uns die reichen Früchte darbringt.

XXV. Jugendlied.

In mäßiger Bewegung.

Doch du warst mein Zeitvertreib
Goldne Phantasie;
Und ich war ein warmer Held
Wie der Prinz Pipi,
Und durchzog die Welt.

Baute manch Crystallenschloß,
Und zerstöhrt es auch;
Warf mein blinkendes Geschoß
Drachen in den Bauch:
Ja ich war ein Mann!

Ritterlich befreit' ich dann
Die Prinzessin Fisch,
Sie war gar zu obligeant,
Führte mich zu Tisch,
Und ich war galant.

Und ihr Kuß — war Himmelsbrod!
Glühend, wie der Wein.
Ach! ich liebte fast mich tod!
Rings mit Sonnenschein
War sie emaillirt.

Ach wer hat sie mir entführt!
Hielt kein Zauberband
Ihr verrätherisches Fliehn?
Sagt, wo ist ihr Land?
Wo der Weg dahin?

Werkverzeichnis

Die ersten Blümchen, die ich fand, für Gesang und Klavier. Text: Sophia Albrecht. Entstehung spätestens 1780. Ausgaben: *Teutscher Merkur*, Weimar 1780, 2. Quartal, *Komp. von Mselle C.S****. Keine weitere Ausgabe vorhanden.

Canzonetta Romana, Text: Johann Wolfgang Goethe, aus dem Italienischen für Gesang und Klavier. Entstehung spätestens 1780. Ausgaben: *Teutscher Merkur*, Weimar 1780, 4. Quartal, *Comp. della Signora C.S****. Keine weitere Ausgabe vorhanden.

Die Fischerin, Singspiel von Johann Wolfgang Goethe. Entstehung Frühsommer 1782. Ausgaben: Handschriftlicher Klavierauszug, vermutlich vom Hofmusiker Johann Friedrich Adam Eylenstein. *Die Fischerinn ein Singspiel in Musik gesetzt von Msslle C. Schroeter*. Weimar, Zentralbibliothek der deutschen Klassik. Im Archiv des deutschen Nationaltheaters liegt eine abweichende instrumentierte Fassung des Singspiels vor. Sie entstand vermutlich für die Aufführung am Großherzoglichen Hoftheater am 11. November 1857.

Die Fischerin, Neuausgabe: Verlag der Goethe-Gesellschaft, Weimar 1916, *Schriften der Goethe-Gesellschaft. Im Auftrage des Vorstandes herausgegeben von Wolfgang von Oettingen*, Bd. 31, *Gedichte von Goethe in Kompositionen*, Bd. 2, herausgegeben von Max Friedländer. Enthält: *Für Männer uns zu plagen* und *Mutter, guten Rat mir leiht* in überarbeiteter Notation.

Fünf und Zwanzig Lieder. In Musik gesezt von Corona Schröter. Weimar, Annoch bey mir selbst, und in Commission in der Hoffmannischen Buchhandlung, 1786. Entstehung bis spätestens 1785. Fundort: Düsseldorf, Goethe-Museum. Angekündigt im *Teutschen Merkur*, 15. April 1785, und in Carl Friedrich Cramers *Magazin der Musik*,

Bd. 2, 1785. Enthält: *Lied von der Morgenröthe*, Text: Johann Gottfried Herder; *Aufmunterung zur Freude*, Text: Ludwig Heinrich Christoph Hölty; *An Laura*, Text: unbekannter Verfasser; *An den Mond*, Text: unbekannter Verfasser; *Der Brautschmuck*, Text: Herder; *Der kurze Frühling*, Text: Herder; *Klage*, Text: unbekannter Verfasser; *Der Eistanz*, Text: Herder; *Manchen langen Tag*, Text: unbekannter Verfasser; *Die drey Fragen*, Text: Herder; *Das Mädchen am Ufer*, Text: Herder; *Die Silberquelle*, Text: Herder; *Braut-Lied*, Text: Herder; *Die Liebe*, Text: Hölty; *Der Wassermann*, Text: Herder; *Amor und Bachus*, Text: Miller; *Der Erlkönig*, Text: Johann Wolfgang Goethe; *Amor im Tanz*, Text: Herder; *An einer Freundin Geburtstag*, Text: unbekannter Verfasser, angegeben mit: C.R.; *Liedchen der Sehnsucht*, Text: Herder; *Der Winter*, Text: unbekannter Verfasser; *An eine Blume*, Text: Herder; *Das Mädchen am Ufer*, Text: Herder; *Die Wachtel*, Text: unbekannter Verfasser; *Jugendlied*, Text: Goethe.

Fünf und Zwanzig Lieder, Neuausgabe: Verlag der Goethe-Gesellschaft, Weimar 1896. Veröffentlicht in: *Schriften der Goethe-Gesellschaft. Im Auftrage des Vorstandes herausgegeben von Bernhard Suphan*, Bd. 11, *Gedichte von Goethe in Compositionen seiner Zeitgenossen*, herausgegeben von Max Friedlaender. Enthält: *Jugendlied* und *Der Erlkönig* in überarbeiteter Notation.

Fünf und Zwanzig Lieder, Neuausgabe: J. B. Cotta'sche Buchhandlung Nachfolger, Stuttgart und Berlin 1902. Veröffentlicht in: Max Friedlaender, *Das deutsche Lied im 18. Jahrhundert, Quellen und Studien*, Bd. 1. Enthält: *Der Erlkönig*, 1. und 2. Strophe, *Liedchen der Sehnsucht*, 1. Strophe. Beide in überarbeiteter Notation.

Fünf und Zwanzig Lieder, Neuausgabe: *Fünf Volkslieder componiert von Corona Schröter. Für Clavierbegleitung instrumentiert von M. Friedlaender. Mit einer Beigabe: Das Grabmal der Corona Schroeter in Ilmenau von H. Burckhardt*, Ilmenau 25. Mai 1902. Fundort: Düsseldorf, Goethe-Museum. Enthält: *Amor im Tanz*, *Das Mädchen am Ufer*, *Brautlied*, *Liedchen der Sehnsucht*, *Der Wassermann*. Oberstimme anders als im Original im Violinschlüssel. *Das Mädchen am Ufer* mit drei zusätzlichen Bindebogen im 13. Takt. Herausgegeben zum 100. Todestag Corona Schröters.

Fünf und Zwanzig Lieder, Neuausgabe: Insel-Verlag, Leipzig 1907. Nachdruck der Ausgabe Weimar 1786 mit einem Nachwort vom Herausgeber Leopold Schmidt.

Fünf und Zwanzig Lieder, Neuausgabe: Wilhelm Bode: *Die Tonkunst in Goethes Leben*, Bd. 1, Berlin 1912. Enthält: *Der Erlkönig*, 1. Strophe.

Gesaenge mit Begleitung des Fortepiano von Corona Schröter zweyte Sammlung Weimar in Commission bey dem Industrie Comptoir, 1794. Entstehung: vor Juni 1794. Fundort: Düsseldorf, Goethe-Museum. Weitere Ausgaben nicht bekannt. Enthält: *Lied aus der Ferne*, Text: Friedrich von Matthison; *Liebe*, Text: Friedrich Wilhelm Gotter; *Cidli*, Text: Friedrich Gottlieb Klopstock; *Ueber die Hoffnung*, Text: Becker; *Das Tal der Liebe*, Text: Johann Gottfried Herder; *Ich gieng unter Erlen*, Text: Stolberg; *An die Nachtigall*, Text: Schmidt; *Wie der Tag mir schleichet*, Text: Gotter; *Das unbefangne Mädchen*, Text: Gotter; *An den Abendstern*, Text: Matthison; *Se tu m'ami*, Text: unbekannter Verfasser; *Solitario bosco ombroso*, Text: unbekannter Verfasser; *Romance*, Text: unbekannter Verfasser; *Alexis depuis deux ans*, Text: unbekannter Verfasser; *Non vi piacque ingusti Dei*, Text: unbekannter Verfasser; *Gia riede prima vera*, Text: unbekannter Verfasser.

Corona Schröters Vertonungen von Friedrich Schillers *Der Taucher* und *Die Würde der Frauen* sowie weitere Arien und Duette sind verschollen.

Briefe Corona Schröters und Einsiedels

Einsiedel an Corona Schröter, undatiert:

»Freitags auf der Redoute. Nachts. Ich schreib Ihnen noch jetzt spät, ungeachtet ich weiß, daß so bald diese Zeilen nicht in Ihre Hände kommen werden! – Liebste Freundin – denn so darf ich Sie doch nennen, ob ich gleich lieber Ihren *schönen Namen* schriebe! – endlich hab ich in diesem Augenblick gelesen, was Sie mir geschrieben, und gebe Ihnen im reinsten Spiegel wieder allen Eindruck und alle Gefühle meiner Seele: Ich bin, bei aller Gutheit und Biegsamkeit meines Wesens, ein *stolzer* Mensch, der Grund davon mag Glaube an einigen innern Wert, den ich nur kenne, sein, denn ich müßte mich selbst belügen, wenn ich sagte und meinte, daß ich *gewöhnlicher* und *gemeinerer* Art sei wie viele, oder die meisten, meine Aufrichtigkeit gegen *Sie* lockt mir dies Geständnis ab – verzeihen Sie mir dieses und das, was ich Ihnen noch sagen will: Ich habe für Freundschaft zu Ihrem Geschlecht gewiß so hohen und reinen Sinn als einer, und ich sehe, daß Sie vor Tausenden an Herz und Seele dazu gestimmt sind – aber liebe Freundin, meine Wünsche sind tausenderlei, mein Kopf ist unruhig, ich bin *schwer* zu befriedigen und vielleicht nie *glücklich* zu machen – ohne eitle Prahlerei (dafür Gott mich bewahre) – so darf ich hinzusetzen – ich bin verwöhnt, verwöhnt durch *Ihr Geschlecht,* ich hoffe leicht – betrüge mich gern – und bin ungewiß mißtrauisch und zweifelnd an Wahrheit, Treue und Aufrichtigkeit, so lange Freundschaft Ihres Geschlechts nur Freundschaft – und nicht Liebe ist. Ich schwöre Ihnen, daß alle Hoffnungen, die ich bei Ihnen zu diesem höhern, wärmern und innigern Gefühl – der Himmel weiß, in welchem glücklichen Selbstbetrug – geschöpft habe, einzig in meinem Gehirn und nie durch ihre Schuld entstanden sind – auch werden

Sie mir diesen Irrtum verzeihen! – Wenn Sie in begrenztern Schranken mich halten, meine Eigenliebe so weit demütigen, daß ich mit einem Schatten mich begnüge und den Glanz eines höhern Schimmers einem *andern* gönne, wenn Sie dies können – so ist es ein Beweis, daß Sie *viel* vermögen und daß ich *viel* dulden kann – daß ich nicht stolz, unter solchen Bedingnissen nicht eitel *sein darf*, das werden Sie selbst zugestehen. Unser Verhältnis ist dann eine neue Erfahrung für mich selbst; Sie möchten meinem armen Verstand darüber gern ein Kompliment machen – nun wohl aber meinem Herzen und meinem Selbstgefühl macht diese Resignation gewiß keines, und ich muß jeden Augenblick fürchten: daß Ihr Spott oder doch Ihr Mitleiden mich früher oder später treffe – aber vielleicht irr ich mich und sehe zu sehr durch die Augen meiner eitlen stolzen Individualität in Ihre Vorstellungsart – indes soll alles dies Sie weder bereden noch unruhig machen – ich würde nie den Vorwurf ertragen, daß Sie sich des L – – anklagten, daß die Ruhe Ihrer Seele litte; denn so vielseitig leicht und ungebunden ich bin: so schwöre ich Ihnen vor dem Himmel, daß *auch ich* an Ideen hänge, mein Glück oft und *einzig* in dem Unreellsten suche – zuweilen finde, und daß ich in einem Wort – einem Gedanken – einer *Übereinstimmung* des Gefühls, höheres, dauernderes Glück und schönern *Genuß* finde – als alle Schätze der Welt und alle *Freuden* der Welt mir gewähren können. Glaubte und hoffte ich dies ganz uneigennützige Gegengeschenk nicht von Ihrer *Freundschaft*, so wollte ich heut, in dieser Nacht noch Sie *bitten*: alles zu vergessen, was je unter uns gesagt und geschrieben worden, mir meine Briefe wieder erbitten und gegen die Ihren umtauschen – aber liebe beste Freundin, es ist mir als ob dies *nicht sein sollte*, es ahndet mir, daß ein verborgener hoher Genius – der mir neulich Nachts das bon soir! von Ihnen sagte, mit einem so wohlwollenden Ton sagte, als ich's wohl nie aus Ihrem Mund hören werde – daß dieser Genius, auf den ruhigern stillern Pfad der Freundschaft zu Ihnen führen wollte – wo nicht mein Herz ganz, doch manches schöne, *tiefverschlossene*, wahre Gefühl aus meiner Seele der Ihrigen mitteilen wolle! – Ja! liebe Freundin, so ist mir's – ich habe Sie gar oft, meist unbemerkt, doch nicht ganz geheim, stets gern gesehn und bin Ihnen mit der reinsten Teilnehmung gut gewesen, ich habe nie vertragen und gleichgültig ertragen können, wenn andre Sie nicht so hoch als ich schätzten – ich habe hohen, seltenen und ungefälschten Wert in Ihnen gefunden und geliebt! – warum sollte dies alles nun nichts und für nichts sein? Warum sollte ich Ihnen und mir selbst verbergen, was mich zwar wohl nie glücklich – aber, lieber Engel, was mich doch leichter und schöner mein Dasein ertragen macht – und was Ihre Freundschaft mir ja gewähren will – Bon Soir! très chere Amie bon soir. Nachts halb zwei Uhr – gute Nacht.«

Einsiedel an Corona Schröter, Auszug, undatiert:

»Mittwoch. Morgens. Auf der Villa, nachdem Du abends weggegangen. Alle Poesie schwindet, wenn wir uns unglücklich fühlen, denn auch Klagen in Worte gefaßt sind Poesien; ich war ganz gedankenlos nach Deinem Abschied, oder vielmehr der Gedanke: Lilli ist fort! war so ganz einzig in meiner Seele, daß ich unmöglich Dir, nach meinem ersten Vorsatz, etwas schreiben konnte – ich hatte die Feder lang bereit, aber bei der ersten Zeile legt' ich sie weg, und auch diese Zeile war mir unleidlich – ach! Beste, Liebste, unser Herz deutet nur halb, nur minder als halb, stets kalt und schwach höhere Gefühle – es sei Freude oder Leid. Ich weiß nicht, liebe Lilli, warum unsern Bund nicht leichtere, fröhlichere Geister begleiten, es ist etwas Trauriges in unsrer Lage, das ist wahr, aber ich weiß doch, daß für den Augenblick wenigstens, ehedem Liebe mich berauschte und mit sich im Taumel fortriß, selten vergeß ich auch bei Dir, und in Deiner Gegenwart, des zweifelhaften Schicksals, das über uns schwebt, nicht zufrieden mit dem Schimmer von

Glückseligkeit, der uns zuweilen blinkt, möchten wir dauernde schöne fröhliche Tage und Jahre vor uns sehen: und dann Lilli wird's uns trübe, dann umwölkt Furcht und Zweifel unsere Stirne – die Zukunft ist uns nicht enthüllt, sie trägt tausend Möglichkeiten des Unglücks in ihrem verschlossenen Busen, wir zagen, wir sorgen – und verbittern uns manchen augenblicklichen Genuß! So ist's lieber Engel! Kann's wohl anders sein? Schlaf wohl und sei träumend zum mindesten glücklich süßer Täuschung – –

Donnerstag. Ich habe vergessen, mit Dir ein wenig zu schmälen – zwar ist's nur über eine Kleinigkeit, aber ich möchte, daß Du auch in Kleinigkeiten mir nicht unrecht tätest: Dein letztes Billet, das Du mir beim Abschied gabest, beschuldigt mich einer Unwahrheit, als sei ich von Dir gegangen unter dem Vorwand, nach Tieffurth zu müssen, und hätte einer Musik auf der Villa beiwohnen wollen. Liebe Lilli: Ich habe Dir nichts Unwahres gesagt, ich war zu Tieffurth von Dir aus und bin um neun Uhr zurückgekommen, auf mein Wort, auch wird Dir's die Seckendorff bezeugen. Warum sollte ich Dich auch verlassen haben, um Musik zu machen, die ich alle Tage haben kann? Warum hätt' ich etwas Falsches vorgeben sollen? Ich habe Dir zu einer andern Zeit gesagt, und Dich gebeten, auch in Kleinigkeiten wahr zu sein, ich würde meine Bitte ja nicht durch eignes übles Beispiel verderben und fruchtlos machen! Also, lieber Schatz, glaube nicht gleich Deinem Verdacht und sei meine gute vertrauende Lilli! Ach Engel, warum blieb ich an diesem glücklichen Nachmittag nicht länger bei Dir, warum waren wir Kinder, so furchtsam unmäßig? Ich zürne noch mir selbst über solche ängstliche Schüchternheit – und doch – doch müssen wir vorsichtig sein! Glaube nicht, daß ich bös auf Dich bin, ich habe Dir's lang vergeben und schreib Dir dies bloß zu meiner Rechtfertigung – Schlaf! *Meine* Lilli!

Freitag. Ich bleibe in der Stadt, weil ich noch immer von der Kolik leide, mir macht sonst meine Gesundheit keine Sorge, und leider! hab ich sie oft nur allzu wenig geachtet – aber jetzt denk ich stets mit Verdruß dran, daß mir so selten ganz wohl ist, freilich ist der Körper nichts, und das Unbedeutendste unserer Existenz, aber der Humor leidet, der Mut leidet, man wagt nichts und traut sich nichts zu.«

Einsiedel an Corona Schröter, undatiert:

»Sonntag. Abend. Ich kehre in meine Einsamkeit zurück, liebe Emilie, nicht so vergnügt, als ich sie diesen Mittag verließ, in der Hoffnung und voll des Gedankens, Dich gewiß irgendwo an dem heutigen Tag zu sehen – nun Engel, ich habe Dich gesehen, und wahr zu sein: ich glaubte, Dich heiterer zu finden, ich will aufrichtig Dir mein Gefühl mitteilen: Du hattest etwas Kaltes und Leidendes, ich glaubte, Du würdest auf eine leichtere Art unserem Wiedersehen vor der Welt einen Anstrich geben; aber Du hättest alle meine Vorsätze und Pläne bald ganz vernichtet, und ich erlebe, daß wir nächstens alle beide rot werden, ohne recht zu wissen warum – denn im Grund sind wir Kinder, und weil die andren Menschen sich wunder groß und klug dünken, so sollten wir sie durch unser kindisches Wesen betrügen – aber mit dem Gesichtchen, mit dem Blick, wie Du heut erschienst, lieber Engel, da verstellt man sich übel. Doch alles dies ist mir wenig wichtig, und am Ende frag ich wenig nach den Menschen; es ist mir nicht um der Vorsicht willen, daß mir Deine Miene aufgefallen, ach Liebste, Holdeste! nein! darum nicht, aber um Deiner Ruhe willen macht's mir Kummer. Du erschienst mir nicht kalt aus Gleichgültigkeit – denn da wärest Du leichtern, fröhlichern Humors – ich sehe Dich mit einem traurigen, trüben Blick dabei, es war, als ob Dein Gesicht, Deine Stimme zu mir sagte: Hier bin ich wieder, gib mir meine Ruhe zurück! Es ahndete mir, daß Du oft in Gedanken, nur mit einem geheimen Unwillen mich zeither gesehen und in solcher Stimmung Dich nur meiner erinnern können. Sei aufrichtig, liebe Lilli, sag, ist es nicht also? Vielleicht, daß ich heut aus kränklicher Reizbarkeit zu viel gesehen – ich möchte, daß mein vielleicht gegründet wäre! Ich habe mich jetzt seit einer Stunde mit der traurigen, mich quälenden Vorstellung unterhalten: wie Du in Deiner Einsamkeit zeither das Vergangene mit dem Gegenwärtigen verglichen, wie Du manche ruhigere Stunde, manche ungetrübtere Reminiszenz in Dir wieder hervorgerufen, wie mancher schöne Traum in Dir wieder wach worden, und wie Du dann dabei wider Willen mir mein Andenken hierin zu erhalten gesucht und doch es Dir vorschweben müssen, und wie Du nur selber es tragen mögen – Sag Engel, hab ich Unrecht? O daß ich's hätte! Aber ich fürchte, Du verbirgst mir und Dir selbst, was dennoch wahr ist, wenn Du Nein sagst. Ja, Liebe, Beste und Teuerste meiner Seele, ich bin tief in Deiner Schuld, und ich habe nichts, sie abzubüßen, mein Bitten, daß Du mir verzeihest, alle Trauer und Leiden, die ich mit Dir fühle, können nichts gut machen – mein Herz ist ein armes, unwertes, unbedeutendes Opfer, und doch ist's Dein, bleibt Dein, wenn es auch unser beider Unglück sein sollte. Ich bin jetzt so sehr mit meiner Existenz brouilliert: daß ich Fröhlichkeit und Freude nicht achte, und auch wenn dem, den ich liebe, sie wohl gönne, aber nicht zu geben vermag – fordere also Emilie nicht mehr, als ich zu gewähren Macht habe – Du hast Dich mit einem unglücklichen Sterblichen verwickelt, und ich fürchte, mein traurig Gestirn wird das Deine, das lieblicher leuchtet, umwölken – Lilli, wirst Du mich hassen? Daß Du mir nichts geschrieben, verzeihe ich von Herzen, ich sehe, daß mein Andenken Dir keine willkommene Erscheinung war – Du hast Recht, ohne daß ich Schuld habe! – Hier liebe Freundin ist eine Woche, Tagebuch, mit diesem Monat angefangen, so sollst Du jede Woche ein Blatt haben oder mehr und immer einige Zeilen Verse am Anfang des neuen siebenten Tages, daß wird in jedem Jahr ein großes Gedicht – die glücklichen Tage, wo wir uns sehen, enthalten bloß einen guten Abend. Spare die Lektion auf, bis mehr beisammen, in dieser steht nichts, denn es ist nichts Wichtiges mit mir vorgefallen. Wohl aber, liebe Lilli, bitt ich Dich, dieses Stück des Briefs – zu lesen, allein und ungestört, denn ich sehe, daß ich undeutlich geschrieben, dies Bekenntnis meines Glaubens nimm als das höchste Zeichen meines Vertrauens meiner Liebe zu Dir, Du wirst dadurch ein Licht über alle meine Vorstellungsarten, Launen, Humor und Eigenheiten bekommen, über meine Handlungen nicht, denn ich lebe in der Welt und muß drum auch mit der Welt leben, aber mein Tun und Lassen ist oft fern von meinem Herzen und Gefühl. Ich bitte den Himmel und ewigen Geist, der ihn bewohnt, daß er Dich mir erhalte, daß er Dir wiedergebe, was ich trübte: Deine Ruhe, Fröhlichkeit und reinen Sinn, daß Du im Leben mich lieben und im Tod mich segnen mögest! – – Schlaf wohl! D. F.«

Corona Schröter an Einsiedel, 4. September 1787:

»W. den 4ten Sept. 87, am Dienstag. Abend. Gott gebe Dir einen guten Abend, mein herzlich geliebter Fritz! Ich habe gestern schon anfangen wollen, Dir zu schreiben, allein ich konnte nicht dazu kommen. Wie sehr habe ich mich gefreut, daß mit meinem liebevollen Andenken so schönes Wetter Dich auf Deiner Reise begleitete. Ich habe auch die Luft recht genossen und in tausend süßen Gedanken an Dich mich heiter und froh gefühlt. Möge die Hoffnung und Ahndung, daß auch Du auf Deinen Wegen meiner mit Liebe gedacht, mich nicht getäuscht haben! – Schlafe wohl, Du Allerbester! Einziger! Schlafe recht wohl. Morgen bin ich dem süßen Wiedersehn 2 Tage näher! –

Mittwoch. Abends. Es fällt mir auf einmal die Besorgnis ein, mein liebster Fritz, daß mit diesem Briefe etwas Fatales vorgehen könnte, wenn ich ihn abschickte, ich will ihn Dir lieber selbst geben, wenn Du wiederkommst; es macht ja auch so nur einen Tag Unterschied; ich traue wegen Deinem Reisegesellschafter nicht recht. – Wie ist Dir's heute gegangen, liebste Seele, hast Du auch einmal an Deine C gedacht? Wenn mein Andenken Dir Glück bringen kann, so mußt Du indessen reich geworden sein. Laß Dich nur nicht länger als bis zu Sonnabend aufhalten, mein Bube, ob ich Dir's gleich nicht verdenken könnte, wenn Du länger von hier abwesend zu sein wünschtest. Ich bin heute bei dem schönen Wetter wieder so viel spazierengegangen, daß ich ganz müde und schläfrig bin. – Es wäre Dir auch gesünder, wenn Du diese schönen freien Tage mehr in der Luft als im Zimmer am Spieltisch zubringen könntest. – Gute Nacht, mein süßes bestes Herz! Ich umarme Dich mit innigster Liebe!! –

Donnerstag. Abend. ½10 Uhr. Ich muß Dir noch eine gute Nacht sagen, liebe Seele, nachdem ich den Tag wie gewöhnlich ziemlich einförmig, doch aber ganz heiter zugebracht, wozu die Hoffnung, Dich bald wieder zu umarmen, wohl das meiste beigetragen. Daß ich diese Freude noch gewiß auf den Sonnabend haben soll, davon hoffe ich die Versicherung morgen in Deiner lieben Zuschrift zu lesen. Ich habe mich heute an Deiner statt mit einer Zeichnung von Dir viel unterhalten, von der ich erst fühle, wie wert sie mir ist, wenn Du selbst mir fehlst. Ich habe Dich unendlich lieb, mein Fritz! mein guter, teurer, süßer einziger Fritz!! und so werde ich (das fühl ich tief im Herzen) Dich ewig lieb haben. Schlafe und ruhe sanft, beste Seele! gute Nacht! – Tausendmal küß ich Dich in Gedanken. – –

Freitag. Abend. Wie kann ich Dir, Du einziger und ewig geliebter Freund meines Herzens, für die Freude und das wohltätige Gefühl, von dem mein ganzes Wesen durchdrungen ist, das mir Dein lieber Brief verursacht, genug danken. Jetzt reut es mich unendlich, daß ich Dich vergebens auf einen Brief habe warten lassen, wenn er Dir auch nur den 10ten Teil der Freude gemacht hätte, die mir der Deinige gewährt hat. Wie hat Dich mein Herz für Deine Liebe, für Dein Andenken an mich gesegnet, Du Vielgeliebter! Mit tausend und tausend Küssen will ich Dir dafür danken, wenn ich Dich wiederhabe. Morgen in dieser Stunde bin ich wieder in Deinen Armen und das glücklichste aller Wesen. – Mit diesen fröhlichen Gedanken lege ich mich zur Ruh. Noch einen Kuß auf Dein heiteres, dichterisches liebes Stirnchen, und unzählige Deinen süßen, sanften, freundlichen Rosenlippen. – Gute Nacht, Du aller Einzigster, über alles Geliebter!!! – Ewig Deine treue Corona.«

Corona Schröter an Einsiedel, undatiert:

»Dienstag. Deine liebe Schrift Nr. 2 habe ich am Sonntag, den 31. Jul. richtig erhalten und danke Dir herzlichst dafür, denn sie enthält gar liebe, tröstliche Nachrichten für mich. Du bist mein ewig teurer, bester Bube! Ich habe Dich so innigst lieb, mein Fritz, und doch bin diesmal so faul mit Schreiben an Dich! Aber so einer Wärme weiß ich mich auch in meinem Leben nicht zu erinnern; seit länger als zehn Tagen ist es weder Tag noch Nacht kühl geworden, und ich bin erst des Abends nach 8 Uhr spazierengegangen, wo es mir noch höchst beschwerlich wurde der Wärme wegen, aber gehen mußte ich nun doch einmal. Diese ganze Zeit habe ich keine Calecons leiden können, bis heute Abend zum ersten Male wieder habe ich sie angezogen, weil es nach einem Gewitter etwas kühler geworden und ich um 7 Uhr spazierengegangen. So drückend mir auch die schreckliche Wärme gewesen ist, so duldete ich sie doch gern durch den Gedanken, daß sie Dir, mein süßes Herz, so wohltätig ist, denn wahrscheinlich wirst Du sie dort nicht minder gehabt haben. Eine ganz sonderbare Heirat muß ich Dir doch melden, ehe Du sie von jemand andern erfahrest, ob sie doch schon gar nicht interessieren kann und Du Dich des Herrn Bräutigams nicht einmal recht von Person erinnerst; der Rat Kirmis, der Bruder der Jacobi bei der Prinzessin, er ist so ein blasser steifer Mensch, heiratet ein Mädchen, die kürzlich hier hergekommen, um als Gouvernante in Dienste zu gehen. Sie ist bei Dresden her. Ihre Mutter war sehr reich durch den Tod ihres ersten Mannes geworden, heiratete zum zweiten Male einen Edelmann, der sie des Vermögens wegen nahm und es ihr durchbrachte. Nun sollte ihre Tochter dienen und hat hier das Glück, diesen liebenswürdigen Hagestolzen zu erobern. Hätte sie doch lieber Hunde geführt bis Bauzen! Denn so einen eigensinnigen, steifen, abgeschmackten Narren gibt es nicht leicht mehr, als dieser Mensch ist. Sie soll ein sehr gutes Geschöpf sein, aber hübsch ist sie nicht. Nach Deiner lieben Zuschrift Nr. 3 vom 30. Juli traute ich mich nicht, noch etwas nach Karlsbad abzuschicken, weil es mir unwahrscheinlich war, daß Du es vor Deiner Abreise noch erhalten könntest. Ich will also dieses Blatt mit der morgenden sächsischen Post nach Leipzig abgehen lassen, wo ich ungefähr rechne, daß Du den Sonnabend als den 13. August eintreffen wirst. Halte Dich nur ja nicht zu lange zu Haus auf, liebster Fritz, ich sehne mich gar zu sehr, Dich nach so langer Trennung wieder zu sehen, und Deine liebe Versicherung, daß auch Du gern wieder zu mir zurückkehrst, erfüllt mein Herz mit der süßesten Zufriedenheit! Ich hoffe, heut wieder etwas von Deiner liebsten Hand zu erhalten, woraus ich bestimmt zu er – Es freut mich unendlich, daß Du so gute Wirkung des Brunnen so bald bemerkt, und bitte den Himmel, daß sie von recht langer Dauer sei! – Du hast der dortigen Postenrichtung doch Unrecht getan, mein Fritz, denn ich habe Deine süße Schrift Nr. 3 binnen fünf Tagen zu meiner innigsten Freude erhalten, tausendmal habe ich Dich in Gedanken dafür geküßt und Dir gedankt. Es wird Dich gewundert haben, daß Du nichts weiter von mir erhalten, als die 2 südlichen Wische, aber Du verzeihst es mir, meine teuerste Seele. Einmal noch wollte ich Dir schreiben, da ich rechnete, daß Du vor dem 12. oder 14. Karlsbad nicht verlassen würdest, aber Dein letztes Schreiben belehrte mich eines andern, und darum erhältst Du dieses Blatt erst in -zig. Schreib mir ja den Tag Deiner Ankunft hier, dem ich mit sehnlichstem Verlangen entgegensehe, recht bestimmt, damit ich ihn mir ganz frei erhalte. – Lebewohl, Du einziger süßer Freund meines Herzens, tausendmal umarme ich Dich in Gedanken bis zu dem glücklichen Augenblicke der Wirklichkeit. – Alles im Hause bis auf den alten Spitz, der unser Hausgenosse geblieben, empfiehlt sich Dir. Lebe wohl, mein teures Leben!! Ewig D. K.«

Corona Schröter an Einsiedel, undatiert:

»Deine jähe Unpäßlichkeit hat mich sehr erschreckt, mein Freund, und ich wünsche sehnlich zu erfahren, daß Du heute keine schlimme Nacht gehabt und wieder besser seiest. Wenn nicht fern Dich aufhältst, so sag mir eine Stunde, wo ich Dich einen Augenblick sehen kann, nur nicht den Abend zur Lichtzeit, da geht es nicht an, aber sonst, wenn Du willst, wenn Du anders nicht im Bette, welches der Himmel verhüte! zubringen mußt und die Tür nicht aufmachen kannst oder darfst aus Furcht, Dich zu erkälten. In diesem Falle unterlaß es ja! und warte Dich recht ab. Vielleicht geht es morgen besser, wo ohnedies, wie ich hoffte, die Mine, die gar noch immer im Bette oder doch sehr leidlich ist, aufstehen und hinuntergehen wird. Ich küsse Dich tausendmal. Armer Bester, werde ja bald wieder wohl und behalt mich lieb. Deine C.«

Corona Schröter an Einsiedel, 15. Juli 1793:

»Karlsbad, den 15. Jul: 1793. Deinen lieben Brief, mein *bester Fritz*, habe ich – den wievielten kann ich Dir nicht sagen, denn ich weiß gar hier nicht, wie wir in der Zeit leben – richtig erhalten und danke *Dir* herzlich dafür! – Jetzt kann ich Dir etwas bestimmter sagen, wie mir das Wasser hier bekommt. In den ersten 6 Tagen hat es mir den Magen und Schlaf so verdorben, daß ich alle Geduld fast verloren, doch jetzt geht mit beiden leidlicher, obschon meine Zunge noch sehr übel aussieht. Das Fatalste ist mir, daß ich bloß an dem Schloßbrunn trinken muß, wo die wenigsten Menschen hingehen, daher habe ich noch keine Bekanntschaft gemacht als mit einigen Personen, die ich bei der Gräfin Werthern, bei der ich einmal zum Frühstück gebeten war, um auf das Spinett zu spielen, kennenlernte, unter denen mir vorzüglich eine Frau von Oberg mit ihrer Tochter aus Hannover gefallen, beider ich auch schon zum Besuche gewesen und mit ihr spazierengefahren bin. Sie ist ein gebor. Fräul: von Busch aus Hannover; vielleicht ist sie *Dir* bekannt. Es ist mir nur leid, daß sie schon in 8 Tagen von hier weggeht. – Mit meinem Zeichnen wird wohl hier nichts werden, denn ich glaube nicht, daß die Frau von Buck einer Seele etwas davon gesagt hat, und bei der Gräfin Werthern kommt auch, scheint's, ein wenig Jalousie mit ins Spiel. Erstere habe ich noch gestern gezeichnet, daß sie es ihrem Mann schicken soll, um ihn für ihre lange Abwesenheit ein wenig zu trösten, denn sie geht morgen früh von hier ab nach Döblitz auf 6 Wochen. – Man führt hier ein recht einfältiges Leben, mein *lieber Fritz*, was mir nicht im geringsten behagt, und es ist ein Glück, daß ich mir nicht den geringsten Spaß hier versprochen habe, sonst wäre ich gewaltig angeführt. Eine Hitze ist hier zum Sterben, und ich zerfließe fast; denn Tag und Nacht kommt man nicht aus dem Schweiß. Ich werde so mager werden, daß *Du* mich nicht mehr erkennen wirst. Ob mir aber diese Unannehmlichkeit für meine Gesundheit Vorteil bringen wird, das weiß der Himmel! Ich habe schon 2 Tage – aber nicht nacheinander – ausgesetzt, weil ich durch die anhaltende Schlaflosigkeit so verdrießlich geworden, daß ich, wenn es so fortgedauert hätte, mir fest vornahm, nicht einen Tropfen Brunnen mehr zu trinken, doch jetzt habe ich wieder fortgefahren und bin bis 14 Becher heute gestiegen, die dann auch ziemlich gewirkt haben. Gebadet habe ich noch nicht, auch noch keine Fußbäder noch Lavements genommen. Der Doktor will es noch nicht haben. Wir werden so bald möglich aus unserm jetzigen Logis auf der Brauhausgasse im Weißen Ochsen wieder ausziehen, weil es uns gar nicht gefällt, wir wohnen im 2ten Stock haben nichts als eine Stube und 2 Kammern und müßten 9 Gulden geben. Die Bedienung ist gar schlecht, und alles ist schrecklich teuer. Die lieben Leute klagen jetzt sehr, daß alles schlechter und teurer ist, als es sonst war. Ich bin so drehend und schläfrig, daß ich nicht weiß, was ich schreibe. – Wie lebst *Du*, mein *liebster Fritz*? Hoffentlich doch recht gesund und wohl? Es haben sich doch nicht etwa schöne fremde Damen wieder in Weimar eingefunden, die Deinem lieben Andenken an mich Abbruch tun? Hier sind zwar verschiedne schlanke junge Herren, die aber nicht den geringsten Eindruck auf mich machen würden, wenn mein Herz auch ganz frei wäre. Hingegen sind viele hübsche Weiber und Mädchen hier, und es ist mir sehr lieb, daß *Du* nicht an meiner Stelle hier bist. – Diesen Brief wirst *Du* etwas früher als durch die Post erhalten. Die Gräfin Bernsdorf geht morgen früh ab und bringt ihn mit nach Weimar. – Lebe recht wohl, mein teurer bester *Fritz*! Behalte mich ja lieb und vergiß nicht Deine ewig treue Corona.«

Corona Schröter an Einsiedel, 24. Juli 1793:

»Karlsbad, den 24. Jul: 1793. Es dünkt mich recht lang, mein teuerster *Fritz*, daß ich nichts von Deiner lieben Hand erhalten habe, so taumelnd und träumerisch mir auch das Leben hier hingeht. Doch denke ja nicht, daß es ein unterhaltendes, angenehmes Leben sei, wahrhaftig, nichts weniger! Im Gegenteil ist es das einförmigste, fadeste, was man sich denken kann. Du sorgst, mein *Ferz*, daß ich durch zuviel Zeichnen oder Musik meiner Gesundheit oder der Wirkung des Brunnens entgegen sein möge, das hast Du wirklich nicht Ursache zu besorgen, denn vor der Hand ist noch keine große Veranlassung zu beiden gewesen. Ich habe nur 2 Zeichnungen gemacht, seit ich hier bin, die von der Frau v. Oberg und ihrer Tochter, von denen ich Dir schon geschrieben, daß sie mir so wohl gefallen. Sie sind seit einigen Tagen abgereist, und ich wohne jetzt seit gestern in ihrem Quartier auf dem Markt in den 3 Lämmeln 2 Treppen. Ich war froh, aus dem vorigen herauszukommen wegen dem vielen und späten Lärm in der Nacht, besonders die infamen Ständchen, die oft bis nach 11 Uhr dauerten, aber hier sind wir nicht viel gebessert, denn wir haben, obschon keine Ständchen, desto mehr Lärm unter uns im Haus, wo Polen logieren und viel Türe auf und zu Werfens ist spät des Abends. Kurz, ich muß hier wohl Verzicht auf das Schlafen tun. Ich wundre mich nur, wie ich bei dem vielen Schwitzen, Logier und so wenigen Schlaf nicht alle Kräfte verlier, vielmehr fühl ich mich leicht und ziemlich wohl. Jetzt darf ich, nachdem ich 6 Becher Schloßbrunn getrunken, auch 6 Becher Neubrunnen nehmen. Gestern hab ich den Anfang damit gemacht. An den Sprudel werde ich wohl nicht kommen, der Doktor will es durchaus nicht zulassen, weil es zu erhitzend für mich sein soll. Heute habe ich zum ersten Male gebadet, und ich bin neugierig, wie es mir bekommen wird. Mein Husten ist noch immer, wie er war, eher stärker als schwächer. Meine Zunge ist noch nicht um ein Haar reiner, doch esse ich ziemlich mit Appetit. Schläfrig und müde, wie die meisten Menschen hier bei der Kur sich fühlen, bin ich gar nicht, auch bin ich zu keiner Beschäftigung verdrossen und mache mir ziemlich viel Bewegung, nur kann ich nicht hindern, daß wir oft in der Abendluft noch draußen sind, weil ich die *indolente Muskulus* und den abgesch. *Kranz* nicht dazu bringen kann, beizeiten nachmittags spazierenzugehen, zumal es jetzt gar nicht mehr so warm ist. Was wir aber in der Hitze hier ausgestanden haben und was ich die Nächte geschwitzt habe, das will ich nie vergessen! Wie ist es *Dir* nur, mein *Liebster*, in der beschwerlichen Zeit gegangen? Bekommt *Dir* das Egersche Wasser gut? Ich habe oft mit *Sehnsucht* an *Dich* gedacht und wünsche mich herzlich wieder zu *Dir zurück*. Nun sind wir noch volle 3 Wochen hier und ungefähr in der Mitte August wieder in Weimar. Meine Bekanntschaft hier ist bis jetzt noch immer sehr eingeschränkt. Es ist erstaunend, wie schwer es hier ist, Bekanntschaft zu machen und wie zurückhaltend die Menschen gegeneinander sind! Graff, der Maler, ist hier, dessen Erscheinung hat mir viel Vergnügen gemacht. Ich hoffe, etwas von ihm in der Zeichnung auf Pergament zu profitieren. Er hat meine beiden Porträts gesehen, und es hat mich ungemein aufgemuntert, daß er so zufrieden damit war. Ich werde ihn auch zeichnen und hoffe, viel Nutzen für mich daraus zu ziehen. *Du* wirst doch hoffentlich den Brief durch die Gräfin Bernsdorf von mir erhalten haben? Die letzte Post hat mir nichts von *Dir* mitgebracht. Ich sehnte mich so danach! *Lebe* wohl, guter *liebster Fritz. Bleib* gesund und *behalte lieb Deine Dich ewig liebende K.*«

Corona Schröter an Einsiedel, 30. Mai 1802:

»Jena, d. 30 May 1802. Sonntag. Nachmittag. Wie danke ich Gott, endlich einmal einen Tag ganz ungestört mir selbst leben zu können! Jeder Zwang ist mir in gesunden Tagen äußerst lästig, um wieviel mehr jetzt, wo ich der Bequemlichkeit so sehr bedarf. Ich weiß nicht, welche unselige Abwesenheit des Geistes und Verstandes mich die Einladung zu einem großen Tee bei der Fr. v. Backhof annehmen ließ, wo man abends ganz spät nach 7 Uhr erst hingeht und um v. 2 Uhr nachts wieder nach Haus kommt. Nun genug, ich konnte einmal diese Dummheit nicht wohl wieder gut machen und habe mich dann auch zur Strafe zum Sterben mir durch das lange Stehen die Füße so ruiniert, daß sie gar keine Gestalt mehr haben. Gewöhnlich soll es sehr amüsant bei der Fr. v. Backhof sein, aber eine steife Visite von einer Fr. v. Haßberg soll diese Langeweile hervorgebracht haben. Bis nach 10 Uhr hielt ich es aus, wo zum Glück auch das Essen herumgegeben wurde, sonst wäre ich mit hungrigem Magen zu Bett gegangen, denn mein Appetit ist jetzt ziemlich gut. Am meisten hatte es mich verdrossen, daß ich diesem verwünschten Tee mein Verlangen, *Dir, liebster*

Fritz, zu *schreiben* aufopfern mußte. Nun kriegt mich auch nicht leicht jemand wieder zu einem Tee. – – Es sind indessen wieder einige Stunden vergangen, seit ich diesen Brief anfing. Die gute Hufeland kam um 3 Uhr und wollte mich mit in die Stadt nehmen; sie und ihr Mann wollten mir Bohton spielen lernen, und ich sollte den Abend drin bleiben, aber ich konnte heute unmöglich wieder das Schreiben aufgeben und beides hätte sich nicht wohl zusammen vereinigen lassen. Welch Verlangen habe ich, *Dir zu sagen* und zu wiederholen, *teurer Fritz*, welche unendliche *Freude mir Dein Besuch gemacht* hat. Es hätte mir nichts Lieberes und Willkommeneres wiederfahren können! Gebe der Himmel, daß die neue schöne Hoffnung und Zusage recht bald wieder so glücklich in Erfüllung gehe!! – Ich war gestern vormittag bei der Fr. v. Einsiedel, und ich weiß nicht, woran es lag, daß sie mir diesmal weit besser gefiel als jemals. Morgen soll ich mit ihr eine Visite bei der Hofrätin Starke machen. – Mein Husten ist noch immer beim alten, die Nächte habe ich mehr Ruh, das ist alles, was ich sagen kann, wann ich einmal werde zu einer weitern Kur schreiten, das mag der Himmel wissen. Vom Baden ist wieder die Rede gewesen, aber nur weiß kein Mensch eine Wanne aufzutreiben – Wegen dem Bergharz fragte ich den Hofrat, aber er nahm es so nach seiner gewöhnlich kalten Art – gestand, daß es ein gutes Mittel sei, aber schien gar nicht zu meinen, daß es für mich zu brauchen sei. – Nun *lebe wohl, liebster, bester Fritz, fahre* so fort, *Dir Bewegung* zu machen, da es der Gesundheit so guten Nutzen verschafft. *Mit herzlicher Liebe umarmt Dich Deine liebevolle K.*

Für den überschickten Wein den schönsten Dank. Ich hatte mich auf etwas sehr Süßes gefaßt gemacht, aber nach meiner geringen Kenntnis von Wein scheint mir dies ein guter Madera. Wenn er für gesund gehalten wird, so kann ich ihn recht gut trinken. An den Herrn Kammerherren von Einsiedel in Jena.«

Auswahlbibliographie

Anonym: Biographische Nachricht. Corona Schröter. In: Allgemeine Musikalische Zeitung. No. 28. 1803. Den 6. April.

Bamberg, Eduard von: Die Erinnerungen der Karoline Jagemann. 1. und 2. Band. Dresden 1926.

Biedrzynski, Effi: Goethes Weimar. Das Lexikon der Personen und Schauplätze. Düsseldorf 1999.

Düntzer, Heinrich: Charlotte von Stein und Corona Schröter. Eine Vertheidigung. Stuttgart 1876.

Engel, Johann Jacob: Die Apotheke, eine komische Oper in zwey Aufzügen. Leipzig 1772.

Ense, Karl August Varnhagen von: Werke in fünf Bänden. Bd. 5: Tageblätter. Hg. von Konrad Feilchenfeldt. Frankfurt a.M. 1994.

Eschenburg, Johann Joachim: »An die kleine musikalische Familie des Herrn Schröter«. In: Christian Heinrich Schmid (Hg.): Almanach der deutschen Musen auf das Jahr 1772. Leipzig, Berlin 1771.

Falk, Johann Daniel: »Erinnerung an Corona Schröter aus Weimar. Ein Todtenopfer«. In: Stephan Schütze (Hg.): Taschenbuch der Liebe und Freundschaft gewidmet. Frankfurt a.M. 1807.

Falk, Johann Daniel: Kleine Abhandlungen die Poesie und Kunst betreffend. Weimar 1803.

Frieß, Herbert: »›Die kleine musikalische Familie des Herrn Schröter‹ und ihre Vorfahren und Nachkommen.« In: Genealogie. 30. Jahrgang. 15. Bd., Heft 12. Dezember 1981.

Gerlach, Karl und René Sternke (Hgg.): Karl August Böttiger. Literarische Zustände und Zeitgenossen. Begegnungen und Gespräche im klassischen Weimar. Berlin 1998.

Gille, Caroline und Bettina Werche (Hgg.): Rolle des Lebens. Corona Schröter zum 250. Geburtstag. Ausstellungskatalog Goethe-Nationalmuseum Weimar 2001.

Goethe, Johann Wolfgang: Gespräche. Eine Sammlung zeitgenössischer Berichte aus seinem Umgang. Auf Grund der Ausgabe und des Nachlasses von Flodoard Freiherr von Biedermann. Ergänzt und herausgegeben von Wolfgang Herwig. München 1998.

Goethe, Johann Wolfgang: Werke. Weimarer Ausgabe. Herausgegeben im Auftrage der Großherzogin Sophie von Sachsen. Weimar 1887 ff. Reprint München 1987. (= WA)

Henze, Hannelore: »Zum 250. Geburtstag von Corona Schröter. Goethe: ›Und selbst dein Name ziert, Corona, dich.‹«. In: Weimarbrief 2001.
Keil, Robert: Corona Schröter. Eine Lebensskizze mit Beiträgen zur Geschichte der Genie-Periode. Leipzig 1883.
Klauß, Jochen: »200. Todestag von Corona Schröter. Georg Melchior Kraus, ›Iphigenie auf Tauris‹. Goethe als Orest und Corona Schröter als Iphigenie«. In: Thüringer Museumshefte, 11. Jahr, 2. Heft, 2002.
Liebeskind, Fritz: Drei Ilmenauer Goethe-Erinnerungen. Ilmenau 1928.
Pasqué, Ernst: Goethes Theaterleitung in Weimar. Bd. 2. Leipzig 1863.
Pilz, Bernd: Festschrift zum 250. Geburtstag von Corona Schröter. Guben 2000.
Reichardt, Johann Friedrich: Briefe eines aufmerksamen Reisenden die Musik betreffend. Zweiter Theil. Nachdruck der Ausgabe Frankfurt und Breslau 1776. Hildesheim, New York 1977.
Reichardt, Johann Friedrich: Der lustige Passagier. Erinnerungen eines Musikers und Literaten. Hg. von Walter Salmen. Berlin 2002.
Riemer, Friedrich Wilhelm: Mittheilungen über Goethe, auf Grund der Ausgabe von 1841 und des handschriftlichen Nachlasses. Leipzig 1921.
Schiller, Friedrich: Werke. Nationalausgabe. Weimar 1943 ff.
Schmid, Christian Heinrich (Hg.): Almanach der deutschen Musen auf das Jahr 1772. Leipzig 1771.
Schröter, Corona: Briefe und Zeugnisse. Gedruckt als Teilnehmergabe der Generalversammlung der Gesellschaft der Bibliophilen. Zum 4. Dezember. Leipzig 1910.
Schwarz, Franz Josef: »›Ihr, werth des Beyfalls!‹ Die Schröters. Studien zu einer Musikerfamilie des späten 18. und frühen 19. Jahrhunderts«. In: Mainzer Studien zur Musikwissenschaft. Bd. 29. Tutzing 1993.
Stahr, Adolf: »Aus dem alten Weimar. Skizzen III: Corona Schröter«. In: National-Zeitung, Nr. 197 und 199, 1874.
Stümcke, Heinrich: »Corona Schröter«. In: Frauenleben. Eine Sammlung von Lebensbeschreibungen hervorragender Frauen. Bd. V. 2., erweiterte Fassung der 1. Auflage von 1904. Bielefeld und Leipzig 1926.
Unterberger, Rose: Die Goethe-Chronik. Frankfurt a. M. 2002.

Zitatnachweis

Orthographie und Interpunktion der Zitate wurden, insbesondere bei den Briefen, behutsam heutigen Schreibweisen angeglichen.

»Schwer ist die Kunst ...«: Schiller, Bd. 8, 4.

»Ihr Freunde, Platz ...«: WA, I, 16, 139.

Frühe Jahre

»Im Namen Gottes des Vaters ...«: Gille, 96.
»Schade, sehr schade ...«: Frieß, 777.
»1751 Januarius ...«: Schwarz, 58.
»Zu Cr essen ...«: WA, III, 1, 136.
»Königlich Polnischer ...«: Stümcke, 4.
»Hautboisten sind ...«: Frieß, 774.
»Eine gewisse ...«: Falk, Erinnerung, 242.
»Dem Zeichnen ...«: Falk, Erinnerung, 242.
»Dieses Kind ist ...«: Schwarz, 317.
»Sind aus den klangerfüllten Sphären ...«: Eschenburg, 92.
»Sie sang ...«: Salmen, 108.

»Sie tritt herbei ...«: WA, I, 16, 139.

Aufstieg und Ruhm

»Übrigens ist dieses Konzert ...«: Reichardt, 106.
»Am 20. und 22. Dezember ...«: Gille, 37.
»Die nachher als Mara ...«: WA, I, 36, 228.
»Schon die Natur ...«: Anonym, 471.
»Besonders deklamierte ...«: Salmen, 108.
»Von dem alten ...«: Salmen, 107.
»Das Jahr ...«: Salmen, 107.
»Wie groß Reichardts ...«: Salmen, 117.
»Ein einsames Dorf ...«: Salmen, 116.
»Sie später von andern ...«: Salmen, 111.
»Nach einem solchen Konzerte ...«: Salmen, 110.
»Reichardts Liebe ...«: Salmen, 119.
»in einer damaligen ...«: Goethes Gespräche, I, 37.

»Mancher Abend …«: Salmen, 119.
»Wenn schon öfters …«: Stümcke, 20.
»Allein ungeachtet …«: Stümcke, 29.
»Ob ich mich gleich …«: Gille, 39.
»Es werden in diesem Konzerte …«: Reichardt, 105.
»O welch ein Mädchen …«: Stümcke, 27.
»Von den Verhältnissen …«: Falk, Erinnerung, 242.
»Trösten Sie …«: WA, IV, 3, 52.
»Danke, daß Sie …«: WA, IV, 3, 60.

»Zum Muster …«: WA, I, 16, 139.

Goethes heimliche Liebe

»Die Schröter ist ein Engel …«: WA, IV, 3, 45.
»Ich bin seit …«: WA, IV, 3, 46.
»Bleibe das wahre …«: WA, IV, 3, 47.
»Ich habe heut viel …«: WA, IV, 3, 47.
»Gelitten hab …«: WA, IV, 3, 47.
»Liebe Frau …«, WA, IV, 3, 48.
»Wieviel Dinge …«: WA, IV, 3, 48.
»Corona Schröter …«: Falk, Erinnerung, 241
»Für der Schrötern …«: WA, IV, 30, 9.
»Grasaffen«: WA, IV, 3, 115.
»Nachts Corone!«: WA, III, 1, 27.
»Druck, Wehmut …«: WA, III, 1, 29.
»Viel gelitten.«: WA, III, 1, 29.
»traurig«: WA, III, 1, 30.
»Umhergewandelt …«: WA, III, 1, 31.
»Crone sehr schön.«: WA, III, 1, 29.
»Cr. nachts fieberhaft«: WA, III, 1, 30.
»Bis 10 …«: WA, III, 1, 30.
»Neuer Streit«: WA, III, 1, 31.
»Die Mitschuldigen …«: WA, III, 1, 31.
»Mademoiselle Schröter …«: Schwarz, 78.
»Goethe pflegte sehr oft …«: Goethes Gespräche, I, 392.
»Nach der Redoute …«: WA, III, 1, 32.
»ertappt«: WA, III, 1, 33.
»Ausgemacht …«: WA, III, 1, 33.
»Glücklicher Abend.«: WA, III, 1, 33.
»Ging zu Cronen …«: WA, III, 1, 35
»Zu Cronen Essen …«: WA, III, 1, 37.

»Crone früh ...«: WA, III, 1, 39.
»Nachts gebadet.«: WA, III, 1, 37.
»Körperliche ...«: WA, III, 1, 37.
»Abends Schwimmwamms probiert.«: WA, III, 1, 38.
»Crone den ...«: WA, III, 1, 38.
»Nachts zu Cr. ...« WA, III, 1, 63.
»Lebhaftes Gespräch ...«: WA, III, 1, 63.
»Bei dem Grottenwesen ...«: Goethes Gespräche, I, 257.
»Ich wüßte sehr wenig ...«: Goethes Gespräche, I, 300.
»Die Männer ...«: Gerlach, 250.
»Nicht immer gleich ist ...«: WA, I, 16, 14.
»Kriegte die ...«: WA, III, 1, 74.
»radikale Erklärung«: WA, III, 1, 77.
»Bei der Bertuch ...«: Gerlach, 290.
»Corona ist dem Herzog ...«: Stümcke, 57.
»Meine Vermutungen ...«: WA, III, 1, 77.
»Endet's gut ...«: WA, III, 1, 77.
»Sie schrieb nicht selbst ...«: Falk, Erinnerung, 242.
»Die *Iphigenia* ...«: Salmen, 119.
»Hier war sie jener ...«: Anonym, 472.
»Entferne ...«: WA, I, 10, 52.
»Mit Wehmut ...«: Falk, Abhandlungen, 126.
»Wie sie war ...«: Falk, Erinnerung, 243.
»In Ermangelung ...«: Goethes Gespräche, II, 464.
»Crone die L. ...«: WA, III, 1, 90.
»in mein Haus ...«: WA, IV, 4, 55.
»Auch dünkt mich ...«: WA, III, 1, 88.
»mit Cr. gut ...«: WA, III, 1, 95.
»Mittags Cr. Abends ...«: WA, III, 1, 96.
»Zu Cr. Essen ...«: WA, III, 1, 106.
»Crone zu Tisch ...«: WA, III, 1, 107.
»Gestern Abend hat mich ...«: WA, IV, 4, 197.
»Da wir alle ...«: WA, III, 1, 114.
»Wie oft ...«: WA, IV, 7, 260.
»Cronen getröstet.«: WA, III, 1, 125.
»Die Aktrice ...«: WA, IV, 4, 170.
»Die Schrötern hab ich heut ...«: WA, IV, 5, 49.
»Erst dacht ich ...«: WA, IV, 5, 95.
»Ich gehe zur Schrötern ...«: WA, IV, 5, 119.
»Die Schröter kommt zu Mittage ...«: WA, IV, 5, 127.
»Ich habe die Schröter zu Tisch ...«: WA, IV, 5, 174.

»Ich bin heut musikalisch ...«: WA, IV, 5, 187.
»Goethe ...«: Salmen, 108.
»Ich habe der Schrötern ...«: WA, IV, 5, 282.
»*Mieding* ist fertig ...«: Goethes Gespräche, I, 316.
»Ihr Freunde, Platz ...«: WA, I, 16, 139.
»Sie haben schlecht gespielt ...«: WA, IV, 6, 59.

»Und hocherstaunt ...«: WA, I, 16, 139.

Späte Jahre

»Dich hat Amor gewiß ...«: WA, IV, 5, 334.
»Graff, der Maler ...«: Gille, 65.
»Ich kenne Mamsell Schröter ...«: Stümcke, 93.
»Vor einiger Zeit ...«: Stümcke, 94.
»Wie ich kam ...«: Stümcke, 95.
»Corona Schröter habe ich leider ...«: Düntzer, 279.
»Du, die mit Reiz ...«: Düntzer, 280.
»Dieser Tage ...«: Schiller, Bd. 24, 129.
»Aus Gefälligkeit ...«: Schiller, Bd. 33, I, 141.
»Bei der Schrötern war ...«: Schiller, Bd. 24, 156.
»Wenn Ihnen der Karlos ...«: Schiller, Bd. 24, 159.
»Ich habe jetzt eine Whist-Partie ...«: Schiller, Bd. 24, 162.
»Mit der Schrötern ...«: Schiller, Bd. 24, 163.
»Gestern hatte ich ...«: Schiller, Bd. 24, 163.
»Die Schrötern liest ...«: Schiller, Bd. 24, 164.
»Nie habe ich wieder ...«: Schröter, 20.
»Sie kann jetzt fast ...«: Schiller, Bd. 33, I, 432.
»Ich war gestern ...«: Schiller, Bd. 33, I, 149.
»Das Karlsbad soll ...«: Schiller, Bd. 33, I, 201.
»Die Mlle. Schröter ...«: Stümcke, 112.
»Corona Schröter hatte früh ...«: Schröter, 21.
»Sie war höchst ehrbar ...«: Ense, Tageblätter, 667.
»intim liiert«: Schröter, 11.
»Einsiedel ist sehr ...«: WA, IV, 7, 200.
»Ich habe Sie gar oft ...«: Gille, 56.
»Ich erwachte heute zu spät ...«: Stümcke, 164.
»Es fällt mir auf einmal ...«: Gille, 61.
»Wie kann ich Dir ...«: Gille, 62.
»So genoß Corona Schröter ...«: Falk, Erinnerung, 244.
»Ich hoffe ...«: Stümcke, 120.
»An diesem Abend sah ...«: Frieß, 776.

»Wir machten ihm alle …«: Stümcke, 113.
»Die Schrötern hat uns den *Taucher* …«: Schiller, Bd. 39, I, 24.
»Sonntag bei Goethe …«: Schiller, Bd. 39, I, 34.
»Auch Corona Schröter …«: Bamberg, 1, 104.
»Die Liebhaberei …«: Schwarz, 97.
»Hätte ich alle Hindernisse …«: Düntzer, 276.
»Sie verschönerte mehrere Jahre …«: Anonym, 473.
»Weimar 19. Januar 1791 …«: Stümcke, 146.
»Wir armen Frauenzimmer …«: Gille, 89.

»Es gönnten ihr …«: WA, I, 16, 139.

Krankheit und Tod

»Die Crone hatte Stechen …«: WA, IV, 5, 39.
»Ich bin zu aufrichtig …«: Stümcke, 170.
»Wenn Du mir nur wenigstens …«: Stümcke, 145.
»Wovon das hiesige …«: Gille, 104.
»Möge doch die gütige Göttin …«: Falk, Abhandlungen, 127.
»Als habe ich ganz …«: Gille, 95.
»Er kam mir …«: Stümcke, 160.
»Es ist sündlich …«: Liebeskind, 139.
»Todesfall …«: Pilz, 10.
»Indes nun …«: WA, I, 35, 128.
»Ich erinnerte ihn …«: Goethes Gespräche, II, 559.
»Demoiselle Corona Wilhelmine …«: Schwarz, 91.
»Sie starb zu Ilmenau …«: Falk, Erinnerung, 245.
»Bist du auch …«: Falk, Erinnerung, 246.

Briefe Corona Schröters und Einsiedels

»Freitags auf der Redoute …«: Gille, 55.
»Mittwoch. Morgens …«: Gille, 57.
»Sonntag Abend …«: Gille, 59.
»W. den …«: Gille, 61.
»Dienstag …«: Stümcke, 167.
»Deine jähe …«: Stümcke, 170.
»Karlsbad den 15. …«: Gille, 63.
»Karlsbad den 24. …«: Gille, 64.
»Jena …«: Gille, 66.

Bildnachweis

Sämtliche Bilddokumente entstammen dem Ausstellungskatalog *Rolle des Lebens. Corona Schröter zum 250. Geburtstag,* herausgegeben von Caroline Gille und Bettina Werche. Weimar 2001. Weitere Informationen zu den Bildern finden sich dort.

Seite 12. Unbekannt: Corona Schröter, um 1780. Gille, 75.
Seite 20. Johann Wolfgang Goethe: Corona Schröter schlafend, 1777. Gille, 47.
Seite 29. Unbekannt: Corona Schröter, undatiert. Gille, 47.
Seite 42. Georg Melchior Kraus: Szenendarstellung zu Goethes *Iphigenie auf Tauris*, 1779. Gille, 70.
Seite 53. Louise Caroline Sophie Seidler: Corona Schröter, nach 1823. Gille, 46.
Seite 64. Georg Melchior Kraus: Szenendarstellung zu *Die Fischerin,* undatiert. Gille, 48.
Seite 72. Georg Melchior Kraus: Corona Schröter zeichnet den Eros von Centocelle, 1785. Gille, 77.
Seite 77. Corona Schröter: Selbstbildnis, um 1795. Gille, 78.
Seite 85. Chiffren Corona Schröters. Gille, 53.
Seite 87. Chiffren Einsiedels. Gille, 54.
Seite 100. Anton Graff: Dame in weißem Atlaskleid, undatiert. Gille, 92.
Seite 105. Johann Schulz: Corona Schröter, um 1798. Gille, 84.

Der Abdruck erfolgt mit freundlicher Genehmigung der Stiftung Weimarer Klassik und Kunstsammlungen.

Für die freundliche Erlaubnis zur Reproduktion der ersten Liedsammlung Corona Schröters (*Fünf und Zwanzig Lieder.* Weimar 1786) gilt besonderer Dank dem Direktor des Goethe-Museums Düsseldorf, Prof. Dr. Dr. h.c. mult. Volkmar Hansen. Bis auf das vorangestellte dreiseitige »Verzeichnis der Pränumeranten« ist die Reproduktion vollständig.

Personenregister des Textteils